IMAGINING
METAVERSE

/
Myth,
Technological
History
and
Social
Construction

元宇宙研究

神思、技术史与社会建构

周逵/著

清华大学出版社
北京

版权所有，侵权必究。举报：010-62782989，beiqinquan@tup.tsinghua.edu.cn。

图书在版编目（CIP）数据

元宇宙研究：迷思、技术史与社会建构 / 周逵著 . -- 北京：清华大学出版社，2025. 5.
ISBN 978-7-302-69109-9
Ⅰ . F49
中国国家版本馆 CIP 数据核字第 2025UX7805 号

责任编辑：纪海虹
封面设计：王　莹
责任校对：王荣静
责任印制：丛怀宇

出版发行：清华大学出版社
　　　　　网　　址：https://www.tup.com.cn，https://www.wqxuetang.com
　　　　　地　　址：北京清华大学学研大厦 A 座　　邮　　编：100084
　　　　　社 总 机：010-83470000　　　　　　　　邮　　购：010-62786544
　　　　　投稿与读者服务：010-62776969，c-service@tup.tsinghua.edu.cn
　　　　　质量反馈：010-62772015，zhiliang@tup.tsinghua.edu.cn
印 装 者：涿州汇美亿浓印刷有限公司
经　　销：全国新华书店
开　　本：165mm×238mm　　　印　　张：12.25　　　字　　数：197 千字
版　　次：2025 年 7 月第 1 版　　印　　次：2025 年 7 月第 1 次印刷
定　　价：78.00 元

产品编号：098335-01

前言

针对近期学界和业界围绕着Web 3.0、元宇宙等媒介融合的新概念和新趋势存在的诸多迷思，作者从媒介技术史的视角出发，试图在日益复杂的媒介技术生态中梳理虚拟现实的媒介建构历史，厘清媒介技术变迁背后的历史逻辑。作者从人类媒介演化史的"媒介尺度"出发，提出"虚拟化"概念，作为寻找与理解未来媒介建构现实的基础与逻辑起点。作者认为沉浸式的、高度仿真的元宇宙将是下一代沉浸式网络的形态特征，元宇宙和虚拟现实作为新媒介形态的一个重要发展，标志着从"再现"到"虚拟"。

虚拟现实在如今的学术和产业讨论中常常被建构成"新媒体"的前沿。但事实上，早在20世纪从该技术的原型诞生，到军事化使用，再到民用化探索，就已经有过多轮次的学术讨论，涉及媒介史、创新与扩散、技术的社会建构、技术哲学和伦理等多个理论框架和核心议题。作者试图透过虚拟现实产业的表象，通过对关于虚拟现实研究的经典文献的重访与对话，耙梳与之相关的若干媒介融合议题与研究范式，从历史文献梳理中汲取理论资源和议题灵感，为当下的虚拟现实研究提供框架和方向的参考与借鉴。

按照亨利·列菲弗尔（Henri Lefebvre）的观点，以元宇宙为代表的Web 3.0时代可被认为是数字经济从"空间内的生产"（production in the space）转换为"空间的生产"（production of the space）的体现。元宇宙的空间性（spatiality）不仅仅是网络物质性（materiality）的隐喻和想象，空间的虚拟实在性既是虚拟现实技术的基础和核心特征，亦是虚拟化身通过社会临场感对虚拟空间数字能供性（affordance）的主观诠释，完成了对元宇宙从数字"空间"（space）到数字"地域"（place）的转化。在这个过程中，"去身体化"的数字身体在元宇宙空间中获得了全新的自我诠释机会和组织方式，进行着群体性数字同步仪式（synchronous）的创造与维系的数字实践。

虚拟现实技术以其高度的感官沉浸感、体感交互性带来了存在论意义上的颠覆性。虚拟现实类游戏玩家通过高度拟真、再造现实的技术入口进入游戏营造的虚拟环境后，展现出相对于以 2D 画面和键鼠交互为特点的传统游戏更为独特的身体经验。本书作者以索尼公司 PSVR 主机与 PlayStation 商店最畅销的《蝙蝠侠：阿卡姆 VR》为个案，用质化研究的扎根方法，以焦点小组为单位，参与和观察"90 后"大学生群体的玩家经验。并通过 MaxQda 软件对讨论的内容文本完成编码，将沉浸式传播中参与者的身体经验分为感官体验、空间实践、身份替换、情感主体和虚假记忆五个子类别，并分别进行讨论，探讨在虚拟现实技术下，由于自我感官系统被沉浸式的媒介环境所取代，沉浸式传播对受众的"真实/虚拟"的经验结构所造成的影响。

人们参与虚拟世界经济的主要目的是娱乐、社交而非出于物质消费，但这并不能削弱虚拟世界经济的真实影响。随着技术的发展，虚拟世界的范围正在迅速扩大，逐渐从大型多人在线游戏扩展到生活模拟游戏，直至扩展到元宇宙的虚拟世界。与此同时，在这些与真实世界紧密相连的虚拟世界中，人们进入虚拟世界的意图也发生了相应的变化，从娱乐目的转向真实的经济利益驱动。随着网络游戏产业在全世界迅速崛起，虚拟世界中大量的交易活动作为一种经济现象也开始引起经济学家的关注。作者尝试分析了初代元宇宙产品《第二人生》的经济结构，对其虚拟货币及其实质属性、虚拟土地市场、虚拟赌场和银行业、虚拟税收、虚拟股市、虚拟商业机构等经济要素进行了扎根式的田野调查，并对虚拟消费行为进行了研究，尝试分析虚拟世界的经济特性。

同时，全新的媒介生态也对互联网政治传播提出了新的课题。作为一项全新的互联网技术，如《第二人生》这样的 3D 沉浸式虚拟现实环境，以它作为政治平台的前景尚未有太多理论化的论述，但相关的讨论已经在媒体上广泛出现。一方面的原因是 3D 沉浸式虚拟现实环境尚处于技术扩散的初期，大规模的应用还有待网络速度提高、交互界面技术的发展。另一方面的原因是传统观点认为《第二人生》这类虚拟社区是"网络游戏",这样的误解仍然在低估其研究价值。作者尝试从初代元宇宙中的虚拟政治现象进行分析,扎根研究了其中的选举政治、虚拟外交、极端势力和非法组织,并对网络化的政治传播、虚拟政治团体及其分类进行了研究,进而对网络政治从点击主义到虚拟行动的转换进行了探索。

从元宇宙社会治理的角度看,虚拟世界中主要存在两种管理冲突。一方面,在虚拟世界,一些虚拟世界平台开发商事实上起到了虚拟社会政府的作用,制定虚拟社会的运行规则、基本经济和社会制度,并进行着日常的社区管理。同时,由于虚拟世界的跨国性、匿名性、文化背景的多元性等其他诸多特性,使得虚拟世界的社会规则制定和管理过程遭遇许多新的挑战,如经济税收政策、身份制度、政策制定和虚拟居民的用户权利等。另一方面,虚拟世界和现实世界之间的相互渗透,虚实之间的界线越来越模糊所导致的"溢出效应"(spillover effect)对于虚拟世界和真实世界中的管制提出了新挑战。因此,需要从虚拟世界和真实世界关系的视角来研究 Web 3.0 时代虚拟社区治理问题。作者将从以上两个方面出发展开研究,首先分析虚拟现实社区内部治理的用户权利、管理机制和抗争问题;再以布拉格诉林登实验室的现实法律案件为例,分析虚拟/现实治理冲突和未来可能的解决途径。

在本书的写作和修改过程中,得到诸多学界前辈、学术同仁、好友的提点和支持,在全书前言中要特别表示感谢。

感谢母校的老师们在本人写作过程中给予的帮助,他们是:清华大学崔保国教授、金兼斌教授、史安斌教授、杭敏教授,中国人民大学钟新教授。

本书部分章节已经陆续以论文形式发表,因此特别感谢《现代传播》原主编、北京师范大学胡智锋教授,《新闻记者》主编刘鹏教授,《国际新闻界》主编、中国人民大学刘海龙教授,《福建师范大学学报(哲学社会科学版)》副主编林春香,同样感谢在论文发表过程中提供宝贵意见的匿名评审专家。

特别感谢在漫长的学术旅途中不断给予本人鼓励和帮助的良师益友,他们是:中国社科院新闻与传播研究所所长胡正荣教授、台湾政治大学"玉山学者"李金铨教授、社会科学文献出版社荣休社长谢寿光教授、《新闻与传播研究》执行主编朱鸿军教授、中国传媒大学国家传播创新研究中心副主任张磊教授、中国社科院新闻与传播研究所向芬教授。感谢"隐形的学院"的学术好友：上海同济大学艺术与传媒学院传播系主任王鑫教授、延边大学徐玉兰教授、厦门大学新闻传播学院陈经超副教授，以及继续旅欧深造的陈敏博士。特别感谢两位学术"损友"：中国传媒大学传播研究院黄典林研究员和中国人民大学新闻学院董晨宇博士。

特别的哀思致予：我接受联合培养博士项目期间的导师，麻省理工学院比较媒体研究系已故王瑾教授。

感谢家人在我漫长的写作过程中所给予的无条件的支持。

目 录

第一章　"元宇宙"研究的迷思、议题与范式　1

引　言　1
第一节　迷思与尺度：Web 3.0互联网形态演化逻辑　3
第二节　议题和范式：从"再现"到"虚拟"的媒介融合　7
第三节　元宇宙融合媒体交互界面的变革：打破二元分割　10
第四节　Web 3.0时代元宇宙研究的方法创新　14

第二章　虚拟现实的媒介建构：一种媒介技术史的视角　18

第一节　口语时代的现实再现：从洞穴隐喻到"三个世界"　19
第二节　前工业时代的现实再现：从指意到仿真　23
第三节　电子媒介时代的现实再现：从《火车进站》到全景仿真　28
第四节　虚拟现实的技术起源与社会建构　34
第五节　初代元宇宙：Web 3.0时代的虚拟现实技术形态　38
第六节　虚拟化：虚拟现实建构的历史动因　41

第三章　重访经典：从游戏、虚拟现实到元宇宙研究　43

第一节　幻想与科技：大众文化对于虚拟现实技术的诠释　43
第二节　虚拟化生存：数字化启蒙中虚拟现实议题　51

第三节　从军工到游戏：虚拟现实技术的创新与扩散　　54
　　第四节　互动性文本、受众与虚拟环境　　56
　　第五节　有无之间：存在论的哲学反思　　58

第四章　虚拟空间生产和数字地域能供性　　61
　　第一节　互联网的空间隐喻和物质性想象　　61
　　第二节　"彼处"的空间生产和"此处"的非地域化　　63
　　第三节　空间的能供性：数字空间的社会临场感和再地域化　　68
　　第四节　虚拟化身的同步仪式：作为社会认同的元宇宙空间　　73
　　结　论　　77

第五章　沉浸式传播中的身体经验　　79
　　第一节　文献讨论　　80
　　第二节　研究问题和研究设计　　84
　　第三节　研究发现与讨论　　86
　　结　论　　100

第六章　主体、动机和独特性：初代元宇宙的虚拟经济研究　　101
　　第一节　初代元宇宙《第二人生》的经济结构　　102
　　第二节　虚拟消费　　116
　　结　论　　122

第七章　从点击主义到虚拟行动：初代元宇宙的政治活动研究　　125
　　第一节　初代元宇宙中的虚拟政治　　126
　　第二节　网络化的政治传播　　137
　　第三节　虚拟政治团体及其分类　　139
　　第四节　网络政治：从点击主义到虚拟行动　　141
　　结　论　　145

第八章　元宇宙虚拟社会的治理机制与冲突　　146

　　第一节　虚拟社会内部治理　　146
　　第二节　虚拟/现实治理冲突　　157

第九章　结论与展望　　162

　　第一节　技术史与社会建构　　164
　　第二节　元宇宙社会的基本形态与特征　　165
　　第三节　元宇宙时代的媒介素养　　168

参考文献　　173

后记　　181

第一章 "元宇宙"研究的迷思、议题与范式

引 言

早在2008年,美国皮尤研究中心(Pew Research Center)就曾对全世界1 196名互联网专家、学者、从业者、活动家及评论家开展过一次关于"2020年互联网形态"的问卷调查。[1]结果显示,有55%的被调查对象认为,随着自然的、直观的媒体交互技术的迅速发展,以及在物理世界中无处不在的、个人化的信息层的覆盖,到2020年虚拟现实技术的发展将到达一个关键点,虚拟世界(Virtual World)将成为新的网络生活样态。技术的进步、网络基础设施的完善将使得人类的生存空间虚实模糊。个人将在人工环境、虚拟环境和传统上所谓真实的物理环境之间进行无缝转换(seamless transition),并且这种转换将成为那个时代生活方式的常态。乐观者认为,通过虚拟现实技术,空间被压缩,这将极大地提高地域空间的信息化程度,从而节约大量的社会成本。远程教育、远程会议、远程医疗等产业将获得发展契机。但也有学者忧虑,虚拟现实技术将会导致新的数字鸿沟,同时最大的弊端可能是高度沉浸的媒介技术特性导致使用者的高度沉迷。

从今天再次回看当初的预测,一方面,"新冠"疫情的蔓延使得虚拟化、远

---

[1] Pew Research Center:《PEW Future of Internet iii 2008》. https://www.pewresearch.org/internet/2008/12/14/the-future-of-the-internet-iii/,2008-12-14.

程教育、远程会议、远程医疗等成为如今媒介应用的常态，当初网络乌托邦式的设想顺势成为如今全球疫情下的现实；另一方面，朝向"真实的物理环境中进行无缝的转换"的自身超越性（transcendence）[1]探索，一直都是媒介融合发展和技术的社会建构中强大的驱动力。2021年，马克·扎克伯格（Mark Zuckerberg）宣布脸书（Facebook）将改名为Meta。[2] 2022年1月，微软宣布将以每股95美元的价格收购动视暴雪，全现金交易总价值687亿美元，成为微软有史以来规模最大的一次收购，微软CEO萨蒂亚·纳德拉（Satya Nadella）认为这笔交易将在微软元宇宙平台的发展中扮演关键的角色："游戏是当今所有平台娱乐中最具活力和令人兴奋的类别，也将在元宇宙平台的发展中扮演关键的角色。"同月，苹果CEO蒂姆·库克也在接受媒体采访时表示，苹果是一家从事创新业务的公司，看到了元宇宙领域的巨大潜力，正在进行相应的投资。这也是苹果公司首次对外公开关于"元宇宙"的态度。[3]

与业界的预测相类似，美国的一些官方机构也对虚拟现实技术的发展及其未来的应用领域表现出极其浓厚的兴趣。美国国家科学基金（National Science Foundation）就曾经将"元宇宙"和虚拟现实技术评价为"21世纪将极大提升人类生活质量的14个重大发展"。美国国家工程院的专家调查也认为，"提升虚拟世界的实体感"是人类在未来面临的技术挑战之一（其他的挑战包括利用核聚变能量、可持续发展的城市规划、开发基因药物、控制氮循环，有效利用废弃物等）。[4] 美国国会研究部（Congressional Research Service，CRS）向美国国会提交的调研报告指出：美国疾病预防与控制中心、美国国家海洋暨大气总署等一些政府机构已经开始尝试在虚拟环境中建立它们的虚拟组织机构[5]，这是美国政府促进信息化的最新尝试。

1　Slater M，Sanchez-Vives M V.Transcending the self in immersive virtual reality.Computer，2014，47（7）：24-30.
2　澎湃新闻：《扎克伯格长文阐述元宇宙：费用低廉，十年十亿用户千亿规模》. https：//baijiahao.baidu.com/s？id=1714921342663270634&wfr=spider&for=pc，2021-10-29.
3　周逵：《微软收购动视暴雪：元宇宙的空间拓展和话语权竞争》. https：//baijiahao.baidu.com/s？id=1722461643509115415&wfr=spider&for=pc，2022-01-20.
4　National Science Foundation：Augmented and Virtual Reality（AV）. https：//seedfund.nsf.gov/topics/augmented-virtual-reality/.
5　Wilson C. Avatars，virtual reality technology，and the US military：Emerging policy issues. Library of Congress Washington DC Congressional Research Service，2008.

与此同时，围绕 Web 3.0、元宇宙等一系列媒介融合的最新趋势存在着诸多迷思。一些人士将元宇宙和虚拟现实的结合视作人类的"终极媒介"；而另一些批评意见则认为元宇宙是人类的"终极内卷"。马斯克对元宇宙和 Web 3.0 的概念嗤之以鼻，认为 Web 3.0 的概念只是"营销热词"（Marketing Buzzword），"是投行和它们提供的流动性所拥有，这一切只不过是中心化的尸体披上了去中心化的外衣"。齐泽克（Slavoj Zizek）则认为元宇宙是企业新封建主义的幻象：

元宇宙将充当一个虚拟空间，超越我们破碎不堪和害人不浅的现实，一个虚拟空间，我们将在其中通过我们的化身与增强现实的元素（即用数字符号覆盖的现实）进行流畅的互动。因此，它将不亚于元物理学的实现：一个完全包含现实的元物理（meta-physics，传统上译为"形而上学"）空间，允许现实以碎片的形式进入，但前提条件是，现实必须被操纵我们感知、干预我们行为的数字准则所覆盖。问题是，我们将得到一个私人拥有的公共空间，由一个私人封建领主监督和规范我们的互动。[1]

不少人在争论，以马斯克为代表的"真宇宙"探索和以扎克伯格为代表的内卷式"元宇宙"虚拟空间建构，谁更能代表未来人类技术发展的方向。如何从人类媒介演化史的角度理解当下 Web 3.0 和元宇宙？新技术和新业态又对媒介融合研究领域提出哪些新议题？这些新议题又在呼唤着怎样的新范式和新方法？本章尝试以互联网演化史中"媒介尺度"的视角，对沉浸式互联网的媒介融合形态特点进行分析，并对 Web 3.0 时代媒介融合研究的议题、范式和方法进行探讨。

第一节　迷思与尺度：Web 3.0 互联网形态演化逻辑

关于 Web 3.0 的概念界定和迷思，学界和业界曾经出现过多次争论。早在

---

[1] Zizek S. Beyond a Neoconservative Communism. https://thephilosophicalsalon.com/beyond-a-neoconservative-communism/, 2021-11-05.

Web 2.0 刚刚兴起的时候，就有关于"什么是 Web 3.0"的诸多讨论。杰弗里·泽德曼（Jeffrey Zeldman）在 2006 年批评 Web 2.0 兴起初期时的概念炒作和产业泡沫时认为："为什么不绕开中间人（Web 2.0）直接进入 Web 3.0 的时代？"[1] 蒂姆·伯纳斯·李（Tim Berners-Lee）则一直质疑 Web 2.0 是一个商业营销意义上的概念，他认为 Web 3.0 是可缩放矢量图形（SVG）在 Web 2.0 的基础上的大面积使用以及涵盖着大量数据的语义网。[2] Yahoo 创办人兼首席执行官杨致远认为，Web 3.0 是一个真正的公共载体，专业、半专业和消费者的界限越来越模糊，创造出一种商业和应用程序的网络效应。[3] 网飞（Netflix）创始人雷德·哈斯汀斯（Reed Hastings）则用网络带宽定义 Web 3.0，他认为 Web 3.0 就应该是 10M 带宽、全影像的网络。[4] 张亚勤认为："Web 3.0 有三个重要的特色，一是虚拟和真实世界的融合，过去主要是虚拟的，现在要把物理的世界融合进来，其实就是结合传感网和互联网的物联网。二是移动，让各种设备随时随地都能与网络相连。三是需要一个引擎和中枢神经，就是透过云端技术提供一个沟通的平台。"[5]

如果我们从人类媒介演化史的角度去考察，Web 3.0 提出了全新的媒介分类维度，是媒介融合发展未来方向的框架性构想。人类媒介进化的历史正是新的媒体技术不断在新的纬度上开拓和补足旧媒体不足的过程。新的媒介形态通过提出新的"媒介尺度"[6]，对个人和社会造成宏观的、历史性的影响。所谓新的"尺度"是指新媒体在不同于旧媒介的维度上，对人体进行了新的延伸，是对旧媒介形态的补足。而这一技术的延伸恰恰是其进入媒介环境生态中的正当性（legitimacy）来源，因此新尺度就是新维度。从这个角度看媒介发展史，报纸、杂志等传统印刷媒体是以文字为主要载体的传播形式，只用到了人的视觉系统，是人视觉的延伸。而广播的出现则开拓了声觉传播的新维度，补足单纯视觉的文字传播所造成的感觉失衡。电视则将单一的声觉传播和视觉传播结合了起来，

---

1 Zeldman J. "web 3.0". https：//alistapart.com/article/web3point0/，2006-01-17.
2 Shannon V. A 'more revolutionary' Web. https：//www.nytimes.com/2006/05/23/technology/23iht-web.html，2006-05-23.
3 Dan F, Larry D.TechNet Summit：The new era of innovation. ZDNet blog, November 15th, 2006.
4 同上。
5 中国网：《云计算改变产业生态 Web 3.0 四大进化》．http：//www.china.com.cn/economic/txt/2011-03/01/content_22025397.htm．
6 [加] 埃里克·麦克卢汉：《麦克卢汉精粹》，何道宽译，第 42 页，南京，南京大学出版社，2000．

达到了新的感官平衡。而虚拟现实技术则是充分调动听觉、视觉、触觉等人体多种感官维度的媒介，因此被称为"终极媒体"（ultimate media）。[1]

我们也可以用相同的视角去看待互联网形态的演化过程（见图1.1）。尼古拉斯·尼葛洛庞帝（Nicholas Negroponte）认为在互联网诞生之初，要解决的首要问题是"数字化"问题。Web 1.0时代的主要特征就是通过商业的力量，将线下以"原子"（atom）形态存在的信息内容，通过数字化的过程移植到互联网上并以"比特"（bit）的形式存在。[2]这样的一个数字化过程，其主体是第一代互联网商业公司，产品形态是门户类网站，其传播的方式以网站对用户的单向传播为主。Web 1.0时代满足了网民数字化阅读的需求，但缺少参与性和双向互动性是其主要缺憾。Web 2.0时代的互联网恰恰解决了这一短板。蒂姆·奥雷利（Tim O'Reilly）于2004年提出"Web 2.0"，用以指代互联网形态的进化。[3]如果说第一代互联网以"数字化"为核心，那么第二代互联网则以"交互化"为核心。所谓的"交互化"，是指以网络化的公众为主体，通过集体智慧和集体大规模的分工协作，将分散的网络信息组织起来，产品包括微博、博客、Flickr、维基百科、视频分享网站，等等。在这样的产业形态下，互联网内容生产的主体从互联网商业公司转移到普通的网络公众，而Web 2.0时代的商业逻辑在于鼓励用户生产个性化的内容，赋予互联网新的价值，是在交互性上对于Web 1.0的补足。熊澄宇认为，传统的信息生产模式是由上而下的精英模式，Web 1.0的代表是门户网站，它们贯彻记者—编辑—发布的传统运行原则。因此，此时的网络是少数媒体或者公司的发布渠道，与大众的距离很远。而Web 2.0时代，强调受众的主动性，受众不再仅仅是被动接受信息，而是能够成为信息的发布者和创造者，同时也能够同传播者进行大量的互动沟通。

随着虚拟现实技术的发展，其作为以计算机为中介的传播（CMC，computer-mediateal communication）媒介"新尺度"属性的研究也成为学者关注

---

[1] Bown J, White E, et al. Looking for the ultimate display: A brief history of virtual reality. In: Gackenbach J, Bown J, ed. Boundaries of self and reality online. Cambridge: Academic Press, 2017. 239-259.

[2] Negroponte N, Harrington R, et al. Being digital. Computers in Physics, 1997, 11（3）: 261-262.

[3] O'reilly T. What is Web 2.0: Design patterns and business models for the next generation of software. Communications & Strategies, 2007（1）: 17.

的领域。Krueger 认为，虚拟现实是人机交互的终极媒介[1]；杰伦·拉尼尔（Jaron Lanier）认为虚拟现实是第一个完全利用人类各种感知而不加以限制的媒介形式[2]；伊凡·苏泽兰（Ivan Sutherland）认为，与之前所有图像化媒介的发明动力一样，虚拟现实的终极呈现方式满足了人们的两个需求：对于感官的模拟、复制和寻求对物理性的超越。[3] 罗杰·菲德勒是一个从媒介环境学的角度研究虚拟现实在媒介形态演化中的历史地位的学者，他将虚拟现实定位在"人际"类别中，充分说明了他已认识到人际交往、社会交往是在线虚拟现实的基本特征。[4] 罗杰·菲德勒的局限性在于他认为在"人际"类别下"内容没有受到外界媒介的建构或影响"，这显然没有意识到媒介形态本身对传播内容的建构作用。

如今元宇宙概念与虚拟现实技术的结合，从"虚拟性"的新维度开辟了之前的媒体形态所不具备的媒介特性，人类的"体外化信息系统"得到了新的扩展。因此，本书提出"虚拟化"的概念，认为沉浸式的、高度仿真的元宇宙将是下一代网络 Web 3.0 的形态特征。而虚拟现实则是最重要的技术基础和最具代表性的产品形态。从这个维度看，所谓 Web 3.0 是以 3D 互联网技术（VR、XR、AR 等）为基础，以元宇宙为代表的第三代互联网，从"虚拟性"维度上

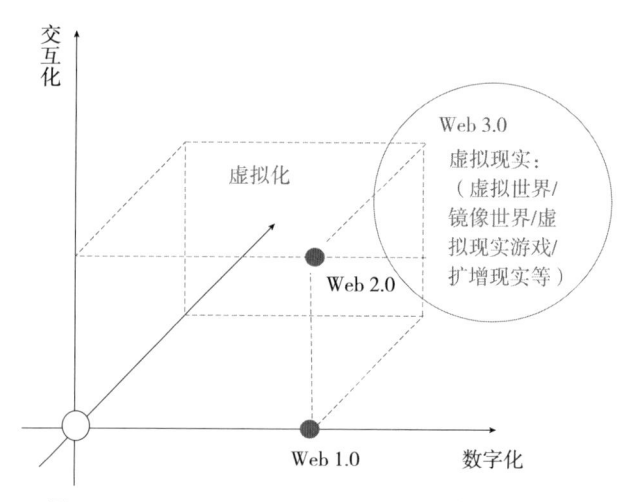

图 1.1 Web 1.0-Web 2.0-Web 3.0 互联网形态演化坐标图

---

1 Krueger M W. Artificial reality II. Reading, Massachusetts：Addison-Wesley，1991.
2 Lanier J.You Are Not a Gadget：A Manifesto.Reprint edition，New York：Vintage, 2011.
3 Sutherland I E, Ebergen J. Computers without clocks. Scientific American, 2022, 287（2）：62-69.
4 ［美］罗杰·菲德勒：《媒介形态变化：认识新媒介》，明安香译，29 页，北京，华夏出版社，2000。

对第二代互联网进行了新的拓展。因此，数字化、交互化和虚拟化是 Web 3.0 的三大特征。所谓虚拟化，是指在 Web 3.0 时代，用户以"沉浸"（immersion）的方式融入虚拟环境中，以虚拟自然的方式在彼此之间、在个体与虚拟的环境之间进行交互。在以三维互联网为基础的环境下，个人以虚拟化身（avatar）的方式沉浸到虚拟现实世界中，本质上，Web 3.0 是一种空间性媒体形态，所有的网络体验、叙事和交互都在虚拟空间范围内发生。

第二节　议题和范式：从"再现"到"虚拟"的媒介融合

Web 3.0 时代网络形态的进化和融合也对传媒研究提出了新的挑战。第一，元宇宙和虚拟现实作为新媒介形态的一个重要发展是从再现（representation）到虚拟（virtualization）的飞跃，彻底颠覆了旧媒介系统中通过再现进行交互和环境构造的方式。Aarseth 认为仿真（simulation）是虚拟现实与其他媒体形态区分的重要特征，同时指出沉浸于虚拟现实中的参与者，其主观能动性与传统媒介用户的主观能动性有本质区别。他认为，仿真是叙事诠释学中的"他者"，是话语的另类模式。在虚拟世界的语境下，参与者的知识、技巧是由其自身的策略和行为产生的，而非作家或电影导演制作的。

第二，虚拟现实可被视为一种体验科技，它可以提供一种愈来愈真实的、身临其境的无媒介体验（illusion of non-mediation）。[1] 在这样的媒介形态中，一切叙事与诠释都以虚拟的直接经验的方式获得。在 Web 3.0 时代，用户以虚拟替身的形态在虚拟空间中存在、集结。同时，新的互联网形态对身份认同的问题提出了新的挑战。作为虚拟现实中的行为主体，虚拟替身的选择、设定和虚拟社群的作用与特征应该从怎样的角度去理解？

第三，如何理解元宇宙虚拟世界的空间性。互联网和信息社会研究存在诸多不同的路径和话语。自从计算机和互联网技术诞生之日开始，空间的隐喻就

---

1 Coelho C, Tichon J G, et al. Media presence and inner presence: the sense of presence in virtual reality technologies. In: Anolli L, ed. From communication to presence: Cognition, emotions and culture towards the ultimate communicative experience. Amsterdam: IOS Press, 2006. 25-45.

被一直用于描述虚拟的网络空间，从"信息高速公路""赛博空间"到"网络聊天室""平台"，等等。从这个角度看，"元宇宙"是网络空间隐喻的极致。人定义空间，空间也定义着人，人类感知的发展历程同时也是空间的经验过程。[1] 元宇宙的空间性不仅仅是网络物质性的隐喻和想象，空间的虚拟实在性既是虚拟现实的核心特征，亦是虚拟化身通过社会临场感对虚拟空间数字可供性的主观诠释，完成了对元宇宙从数字"空间"（space）到数字"地域"（place）的转化。[2] 在这个过程中，"去身体化"的身体在元宇宙空间中获得了全新的自我诠释机会和组织方式，进行着群体性数字同步仪式的创造与维系的数字实践。

第四，通过越来越先进的人机交互界面来干预和控制计算的方式成为元宇宙和虚拟现实最引人入胜的技术特征：用户通过沉浸式的体验对计算机生成的虚拟环境进行探索和交互。一些学者试图建立一个新的概念框架去分析虚拟环境中独特的互动型文本，将这种新型的互动关系理论化为新的术语"Gameplay"，用以强调参与者和环境本身不可分割的主客体联系。

第五，随着技术的日益成熟、成本的不断降低，虚拟现实将不仅仅是一个与现实社会相区割的"异质空间"，而成为现实社会的"镜像"，同时虚拟现实中的社会情绪也会"溢出"到真实环境中。这就需要用户以全新的媒介观念去面对虚拟现实这一全新的媒介化社会形态。

议题创新必然呼唤范式创新。通过对虚拟现实研究的文献进行分析，可以爬梳出未来元宇宙研究和媒介融合研究的若干范式（见表1.1）。

第一是技术范式。该范式主要以虚拟现实的硬件环境和通信技术为基础，讨论虚拟环境、人机交互界面的设计，目的在于使得虚拟现实技术获得更加逼真的效果，以应用于娱乐工业、军事训练或虚拟制造等领域。

第二是文化范式。该范式下的学者通过文化研究的视角，以虚拟文本为对象，研究虚拟环境中的互动性、亚文化。如 Justine Cassell [3]、Henry Jenkins [4] 和

---

1 Augé M.Non-places: Introduction to an Anthropology of Supermodernity. London: Verso, 1995. 42-66.
2 Schmid C. Henri Lefebvre's theory of the production of space: Towards a three-dimensional dialectic. In: Lefebvre H, Goonewardena K, ed. Space, difference, everyday life. London: Routledge, 2008. 41-59.
3 Cassell J. Embodied conversational agents: representation and intelligence in user interfaces.AI Magazine, 2001, 22（4）: 67-67.
4 Jenkins H.The cultural logic of media convergence. International Journal of Cultural Studies, 2004. 7（1）: 33-43.

Howard Rheingold[1]。

第三是社会学范式。该范式下的学者们从社会学、社会心理学等角度，通过心理实验、田野调查、虚拟人种志的方式研究在线虚拟现实的社会影响。如Sherry Turkle[2]、Nick Yee[3]、Seay & Kraut[4]。

第四是经济学范式。在该范式下，学者们创造性地将经济学理论应用到在线虚拟现实中，围绕在线经济形成了产业链条、虚拟货币等相关议题，如Richard Heeks[5]、Edward Castronova[6]等。

第五是哲学范式。虚拟现实的存在方式对现实物理世界的生活方式造成了巨大的冲击，这一现象也引发了哲学界研究的关注，并诞生了信息哲学研究领域。[7]

表1.1 元宇宙研究的不同范式

范式	技术范式	文化范式	社会学范式	经济范式	哲学范式
关键视角	虚拟环境、交互界面设计等	虚拟文本	虚拟社会、虚拟社区	虚拟经济	存在论
学术基础	通信技术，IT技术	文化研究等	社会心理学	宏观经济学管理经济学	存在主义哲学、信息哲学、技术哲学
主要议题	交互设计、技术实现、虚拟制造等	文本中的编码与解码	社会影响	虚拟经济学分析、金币农夫等	对实在论的冲击等

---

1 Rheingold H.The Virtual Community, revised edition: Homesteading on the Electronic Frontier. Cambridge: MIT Press, 2000.
2 Turkle S.The second self: Computers and the human spirit. Cambridge: Mit Press, 2005.
3 Yee N, Jeremy B. The Proteus effect: The effect of transformed self-representation on behavior.Human Communication Research, 2007, 33（3）: 271-290.
4 Seay A F, Robert E K. Project massive: Self-regulation and problematic use of online gaming. Proceedings of the SIGCHI Conference on Human Factors in Computing Systems, 2007.
5 Heeks R. Information systems and developing countries: Failure, success, and local improvisations. The Information Society, 2002, 18（2）: 101-112.
6 Castronova E, Williams D, et al. As real as real？ Macroeconomic behavior in a large-scale virtual world. New Media & Society, 2009, 11（5）: 685-707.
7 Zhai P. Get real: A philosophical adventure in virtual reality. Lanham: Rowman & Littlefield, 1998.

在《虚拟现实形而上学》一书中迈克·海姆（Michael Heim）指出，虚拟入侵真实这一现象将威胁到人类经验的完整性。在《虚拟现实》一书中他继而提出，一方面，网络理想主义者促进虚拟社区和全球信息的流动；另一方面，天真的现实主义者又将犯罪暴力和失业归咎于科技文化。他认为，虚拟现实属于未来一个很重要的部分，我们需要去了解它，不只是因为它是一股影响文化发展的暗流，而且是因为它是强而有力的科技自身的权利。虚拟世界能提供一种显现出某种程度智能行为的特质。所谓的特质，即是临场感（telepresence），即一种实现在远程操作并保留浸入拟态环境的能力。迈克·海姆认为，要超越网络乌托邦主义者和现实主义者，必须在理想主义者对计算机生活的热情和将我们在原始真实中的需要压抑至深层的现实主义者之间取得平衡。这种不稳定的平衡可称为"虚拟现实主义"。要如何达到"平衡"呢？海姆称之为"technalysis"，是对科技的实践、批判和分析。中国学者翟振明的《有无之间：虚拟实在的哲学探险》也从哲学层面对虚拟化互联网生存进行了有益的探索，在西方学界引发了关注，并获得了很高的评价。

第三节　元宇宙融合媒体交互界面的变革：打破二元分割

纵观目前关于元宇宙的技术基础和交互界面繁杂的定义体系，关于"虚拟现实"概念的界定大致可以分为两种类别。一种认为任何可以提供沉浸感和互动性的科技都应该被称为虚拟现实。如果从这个定义出发，网络游戏等都可以提供某种程度的虚拟现实体验而可以忽略硬件的差异，重点在于"身临其境"的体验。在这样的语境下，虚拟现实的内涵和外延都非常模糊，偏重于对一种由非特定媒介技术传播所形成的沉浸式的传播效果的感性描述。另一种则严格地用技术特性定义虚拟现实，其遵循杰伦·拉尼尔在1985年创造"虚拟现实"[1]一词时的思路，至少需要包括头戴式显示器、三维电脑图像、输入输出设备在内的设备组，而沉浸与互动是虚拟现实技术的两个关键指标。如George Coates

---

[1] New Scientist, Virtual reality: Meet founding father Jaron Lanier, https://www.newscientist.com/article/mg21829226-000-virtual-reality-meet-founding-father-jaron-lanier/, 2013-06-09.

认为，虚拟现实是对于物理环境的电子模拟，终端用户可以通过头戴式显示器和穿戴式的反馈装置来体验 3D 环境设定[1]；Greenbaum 认为，虚拟现实是一个由计算机生成的图片所创造，并可以根据人的运动而反馈的替代性世界，要造访这一世界必须借由扩展性的数据套件、立体的护目镜显示器和数据手套等设备[2]；Krueger 认为，虚拟现实是利用计算机仿真产生一个三维空间的虚拟世界，提供用户关于视觉、听觉、触觉等感官的模拟，让使用者如同身临其境一般，可以及时、没有限制地观察三维空间内的事物。[3] 综上所述，从技术形态的角度对虚拟现实的定义是：虚拟现实是由计算机生成的、可交互的仿真环境。该虚拟环境具有以下三个特点：（1）该环境将向介入者（人）提供视觉、听觉、触觉等多种感官刺激；（2）该环境应给人以一种身临其境的沉浸感；（3）人能以自然的方式与该环境中的一些对象进行相互操作，在不使用键盘、鼠标等常规输入设备的情况下，强调使用手势（数据手套）、体势（数据衣服）和自然语言等自然方式完成互操作。

结合上述定义，作为 Web 3.0 时代的元宇宙交互界面，虚拟现实包含以下特征：（1）空间性。三维的网络环境创造出一个具有实体感的虚拟空间，不同于平面的传统网络，虚拟世界中的数据关系通过地理关系所外显的隐喻进行组织。（2）化身。用户通过计算机终端，以虚拟化身的方式进入虚拟世界，随着人机交互技术的发展和进步，化身的方式也随之变化，总体上向全身性、沉浸性的特点发展。（3）持续性。虚拟现实世界及其内在内容的存在不以单个用户是否在线而转移，因此虚拟世界的存在是客观的（存在于开发商或运营商的主机中）。（4）社会性。由于虚拟现实世界能够同时支持大量的、来自不同地域的用户同时在线，通过虚拟化身的方式进行实时交互，因此形成了复杂的社会、政治、经济体系，并逐渐发展成为一种新的社会形态。

在后现代主义的观点看来，现实从来都是被构建起来的，或是"拟态"的。换言之，现实从未与其自身交会过，因为它构建在差异与非在场之上（就像我们的身份一样）。即使在前媒介的原始时代中，麦克卢汉所言的"原始统一"都

1　Coates G. Virtual reality.Theatre Forum，1993（3）：5-12.
2　Greenbaum P.The lawnmower man. Film and Video，1992，9（3）：58-62.
3　Krueger M W. Artificial reality II. Reading，Massachusetts：Addison-Wesley，1991.

未曾存在。事实上，自从语言被发明，世界就被建构，我们开始以语言和概念界定自己以及周边世界。语言的结构、社会潜意识、他人化的力量将人异化。在传播学史上，李普曼就曾用拟态环境（Pseudo-environment）一词形象地表述，经由媒体中介呈现的环境不是真实社会环境的镜面反映，而是因为媒介的技术特性和社会特性产生偏差。因此，在大众传媒的社会，人们通过媒介有选择地加工，去认知"拟态环境"，同时在自己的意识中形成一个主观的对外界世界的想象，并基于此构想与外部世界进行交互。因此，主观世界对于客观真实世界的理解和建构是存在偏移的，是一种拟态的现实。

在尼尔·波兹曼看来，技术的功能决定于其形态：印刷媒体、电脑和电视不仅仅是传输信息的机器。它们是我们概念化现实的隐喻，将世界分类、排序、框架、放大、缩减，并论证世界的相貌。通过这些媒体的隐喻，我们看到的并不是世界本身，而是符号系统，这就是信息形式的力量。[1] 进入20世纪80年代以后，电子媒介的批判者一直辩称新的表征环境无法代替"现实"，但非编码的现实经验从来就没有存在过。如果说虚实混杂是人类现实既有的一贯状态，那么如何来区别虚实？

事实上，虚拟现实技术在20世纪80年代兴起后，相关研究者遭遇到一个重要的问题：如何界定虚拟与现实的关系？如果说真实现实和虚拟现实是人类对客观存在认知的两个极端形态，那么，随着媒介技术的不断丰富，两极之间出现越来越多的模糊地带。Paul Milgram & Fumio Kishino 创造了"混合现实"（Mixed Reality）这一术语来描述真实世界与虚拟现实之间的区域（见图1.2）。

```
              ┌────── 混合现实（Mixed Reality）──────┐
  ←───────────┼──────────────────────────────────────┼───────────→
   真实环境   扩增现实              扩增虚拟          虚拟环境
             （Augmented Reality）                  （Augmented Virtuality）
```

图 1.2　虚拟现实连续统一体 [2]

---

[1] Postman N. Five things we need to know about technological change，http://www.sdca.org/sermons_mp3/2012/121229_postman_5Things，2012-12-29.

[2] Milgram P，Fumio K. A taxonomy of mixed reality visual displays. Ieice Transactions on Information and Systems，1994，77（12）：1321-1329.

一方面，虚拟现实是使用计算机技术创造的，区别于临场感（telepresence）和其他的远距离感觉方法。在虚拟现实中，计算机技术应用所产生的是效果而不是幻觉。在虚拟现实中，人与程序具有交互性。同时，这是一个三维的世界，区别文字描述的一维、二维世界，物体有一种空间存在物的含义。

另一方面，真实的物理世界本身也是高度媒介化的。Paul Milgram & Fumio Kishino 将通过传统的电视显示设备看到的真实场景也归于"现实"一端。人类生活的物理环境不断被信息化的虚拟环境所强化、异化。

如今，在这个坐标轴两端的完全真实与完全虚拟的环境在现实生活中并不存在，人类生存的环境是一个被强化的混合现实。正如曼纽尔·卡斯特（Manuel Castells）所说，当电子传媒的批评者指责这一新的符号环境没有表征真实时，他们指的其实是一种荒谬的、未经编码的真实经验的原始概念，它从来没有存在过，所有真实都是通过符号而传播的。[1] 而 Paul Milgram & Fumio Kishino 的贡献在于将因虚拟现实技术而模糊的虚实环境统一到了同一个尺度上，并且指出，下一代电子环境的远景是将虚拟的信息应用到真实世界，真实的环境和虚拟的物体实时地叠加到同一个画面上，两种信息相互补充、叠加，让人感觉它们同时存在。

虚拟现实技术对真实社会的建构已经远远超越了互联网的虚拟空间。传统上，地理信息系统从平面地图的绘制演化而来，因此大多采用静态数据来描述地理对象，即所有的对象都通过二维坐标（或经纬度）及非连续变化的测绘数据进行表示。但随着虚拟现实建模技术、全球信息化程度的不断提高，在无处不在的计算（Ubiquitous computing）和扩增现实技术的基础上，虚拟现实技术已经成为当今信息化城市构建的核心要素之一。曼纽尔·卡斯特用"信息化城市"这个词来描述后工业时代城市的特征。在卡斯特的描述中，所谓信息化城市是指在该城市中的主导产业是信息产业，大多数人所从事的产业也与信息技术产业相关，信息技术是在这里生活的必备技能。伴随着无线互联网的普及和基于位置服务（LBS）的发展，个人对城市的感知是高度中介化的。最简单的，如车载 GPS 系统和个人移动智能终端中的导航系统（如高德地图），构成了地

---

1 Castells M. Toward a sociology of the network society. Contemporary Sociology，2000，29（5）：693-699.

理信息系统 GIS 最底层的部分。虚拟世界与真实世界之间的界限仍在不断被打破。通过无线传感技术、物联网、"真实挖掘"（Reality Mining），人们以个人叠加在地理空间之上的信息层去理解人与环境的关系，现实与虚拟之间的界限在人的大脑感知中越来越模糊。

如图 1.3 所示，在信息化城市流动空间与地理空间关系图中，"虚拟"与"现实"构成两端。在虚拟网络的"流动空间"中，基于虚拟脚本构建起大规模、多人在线的网络虚拟世界。而在现实的地理空间中，新兴技术不断打破虚拟和现实的界限，人们通过个人信息终端去"重新发现"地域的意义。在此之前，肯尼斯·格根认为新媒体造成人"不在的存在"，马克·奥吉（Marc Auge）关于媒体也有"非地域"的悲观态度。而扩增现实（Augmented Reality）等应用将打破这一悲观看法，重新赋予地理环境以信息意义。

图 1.3　信息化城市流动空间与地理空间关系图

第四节　Web 3.0 时代元宇宙研究的方法创新

元宇宙与虚拟现实的媒介特征，对我们既有的媒介感官平衡再次提出了挑战，并进而带出了一系列问题，包括空间与地域、身份和认同、主体性和实在论，等等。用网络虚拟世界中"自有的方式"（in its own term）研究其中的文化、身份、社区等问题不仅是可能的，甚至是必需的和关键的。只有这样的方式，才有可能在这样快速变化的媒介技术环境中迅速准确地把握技术变迁可能带来的社会、文化及个人的影响。用户在元宇宙的媒介融合环境中进行真实的社会互动，并在此过程中创造了特有的意义和文化。因此，在研究这样的问题时，的确需要采用不同于以往的研究方法。

Web 3.0时代元宇宙研究方法的一种创新在于虚拟民族志（ethnography）的引入。作为文化人类学研究中一种比较通用的方法类型，民族志研究发始于20世纪欧美人类学者对于异族文化的田野考察。马林诺夫斯基在1914年到1918年对新几内亚岛进行了三次调查，在其经典著作《西太平洋的航海者》（Argonauts of the Western Pacific）中奠定了科学的人类学规范，即将长期的田野工作（fieldwork）、民族志写作（monograph）和完成某种理论证明这三个人类学的要件结合在一起。[1]

潘忠党认为，民族志研究是一种"文化进入"的过程。一些学者则进一步提出传播研究中的"民族志转向"（ethnographic turn）[2]，这更凸显了这种研究方法的重要历史地位。霍格特的《文化的用途》就是英国文化研究学派早期的民族志研究。[3] 从20世纪70年代后期开始，民族志研究将目光聚集于电视受众，成为一种典型的受众研究。布伦斯登（Charlotte Brunsdon）和莫利（David Morley）在1978年对英国电视新闻杂志节目《举国上下》（Nationwide）的早期研究[4]、威利斯（Paul Willis）的 Learning to Labour[5]、科恩（Philip Cohen）关于亚文化冲突与工人阶级文化的研究[6]、霍布森（Dorothy Hobson）的家庭妇女与大众传媒的研究都具有一定的代表性。[7]

人类学民族志的方法用于互联网研究始于20世纪90年代。随着网络社会开始崛起和赛博文化的出现，人类学研究领域从科学家的民族志、实验室研究、性别与科学、道德与价值等转向了计算机和生物技术、虚拟现实、虚拟社区和赛博空间。[8] 大卫·托马斯（David Thomas）呼吁人类学家从事发展时期的虚拟

1　Malinowski B. Argonauts of the western Pacific: An account of native enterprise and adventure in the archipelagoes of Melanesian New Guinea [1922/1994]. Oxfordshire: Routledge, 2013.
2　Schrøder K C. Audience semiotics, interpretive communities and the "ethnographic turn" in media research. Media, Culture & Society, 1994, 16（2）: 337-347.
3　Hall S. Richard Hoggart, The Uses of Literacy and the cultural turn. In: Owen S, ed. Richard Hoggart and cultural studies. London: Palgrave Macmillan, 2008, 20-32.
4　Brunsdon D, Morley C, et al. Everyday television: nationwide. UK: British Film Institute, 1978.
5　Willis P.Learning to labour: How working class kids get working class jobs. Oxfordshire: Routledge, 2017.
6　Cohen P. Subcultural conflict and working-class community. Oxfordshire: Routledge, 2003.
7　Hobson D. Housewives and the mass media. Oxfordshire: Routledge, 2007.
8　杨立雄:《从实验室到虚拟社区: 科技人类学的新发展》，载《自然辩证法研究》，2001, 17（11）: 56-59页。

世界的研究，特别是从技术是如何被社会建构的角度来研究赛博文化。[1] 加里·道尼（Gary Downey）则从科学与社会的研究（STS 研究）转向科技的文化分析，其主要目标是从民族志的角度研究 20 世纪末人类与机器的界限。[2] 他们两人的工作主要源自影视人类学，强调虚拟现实、计算机网络和图像技术中影视的重要性，继承了影视人类学的大部分研究方法和研究内容，在此基础上形成了新的人类学子学科：赛博人类学（cyber-anthropology）。他们认为，赛博人类学就是用人类学的方法研究赛博文化或研究处于虚拟社区和网络环境的人。

虚拟民族志研究是指将民族志研究方法应用于由网络社区和网络文化研究的一系列方法。通过对网络文本进行田野调查式的采集和分析，研究计算机中介的社会互动及影响。人类学家研究的一般问题有以下几个方面：新的网络社会的结构和机制是什么？人们怎样将由新技术开创的新空间所产生的日常经验社会化？人们怎样与技术世界发生联系？新技术对人们日常生活和工作产生什么影响？假如人们处于不同的空间中，这种空间经历有怎样的不同？通过什么方式进行转换？在不同社会、宗教和民族背景下，与新技术相联系时，它会产生行为多样化的民族志因素吗？所有针对在线文化和社区虚拟民族志的研究都延续了传统民族志田野研究的特点，从深入实地的观察、面对面的访谈互动发展到通过计算机网络对网络社区和文化进行调研和访谈。从事虚拟民族志研究的学者认为，田野调查不仅仅针对具体的物体、地点，也可适用于网络虚拟空间。这一做法曾经被质疑[3]，但如今被越来越广泛地接受。[4]

传统上，人类学家往往被视为异域文化的探险者。而在网络时代，虚拟社区为人类学研究提供了虚拟的田野。学者无须亲自到异国他乡进行调研，而可以通过网络对发生在虚拟空间中的社会互动、身份认同、权力关系等进行研究。

---

1 Thomas D, Hollander J B. The city at play: Second Life and the virtual urban planning studio. Learning, Media and Technology, 2010, 35（2）: 227-242.
2 Downey G L, Dumit J, et al. Cyborg anthropology. Cultural Anthropology, 1995, 10（2）: 264-269.
3 Clifford J. Spatial Practices: Fieldwork, Travel, and the Discipline of Anthropology. In: Gupta A, Ferguson J, ed. Anthropological Locations: Boundaries and Grounds of a Field Science. CA: University of California Press, 1997, 185-222.
4 Bishop J. Increasing capital revenue in social networking communities: Building social and economic relationships through avatars and characters. In: Romm-Livermore C, Setzekorn K, ed.Social networking communities and eDating services: Concepts and implications. New York: IGI Global, 2008. Available online.

针对网络社区和文化的虚拟民族志研究通常采用"潜水式"(lurker)观察，即非参与式观察的方法。但越来越多的学者开始强调参与式的研究路径，从而与传统民族志研究中参与式观察(participant observation)、长期参与(prolonged engagement)、深度沉浸(deep immersion)的要求趋于一致。同时继承格尔兹的巴厘岛系列民族志中关于"深描"(thick description)的实践，要求研究者深度地参与到在线社区的日常交流和文化实践。[1] 也正是对于参与和沉浸式观察的强调，使得虚拟民族志的研究方法与网络使用信息挖掘(Web Usage Mining)及社会网络分析(social network analysis)的方法区分开。

但以计算机为中介的虚拟民族志研究与真实世界的民族志研究依然存在以下差别：首先，虚拟民族志针对的是文字的、非物理身体性的、缺乏社交暗示(social cue)的网络社区的研究；其次，可以对现实无法观察到的社会互动进行细致的观察和文本分析；再次，真实社会互动中的细节和现象是转瞬即逝的，而网络中的社会互动可以自动地通过文本等方式保存下来，成为永久的记录；最后，新媒体的社会性质尚很模糊，到底是属于公共空间、私人空间还是两者兼有的混合空间尚未有定论。

虚拟民族志研究的核心问题是：如何将民族志的研究方法恰当地用于网络研究中。如果仅仅是依靠阅读电子邮件、聊天室的聊天记录或论坛的日志显然不够。因此，"参与"本身非常重要。但如何参与？参与到什么样的程度？这些都需要经过严谨的研究设计和思考。另一个可能的质疑是，关于虚拟现实世界的描述性研究究竟有多大的理论意义？规范性的研究是否更具备学术和实践价值？在本研究中，不会尝试去进行价值判断，回答诸如"虚拟现实世界的出现对人类是好事吗？"这样的问题。尽管这样的问题在关于技术未来发展趋势的探讨中一样具有重要性，但在本研究中不作过分探讨。本研究将虚拟现实技术的发展和网络虚拟现实世界的崛起视为已知前提，去探讨其中的虚拟身份、网络社区和文化实践过程。综上所述，虚拟民族志依然是一个比较新的研究方法，需要熟悉网络社区环境的"数字土著"(digtial native)新一代研究者进行探索，捕捉当地居民的观点(native point of view)，透视他们眼中的世界，从而理解虚拟现实作为一种全新社会形态的特性和对真实世界的影响。

---

[1] Geertz C. The Interpretation of Cultures. New York: Basic Books, 1973.

第二章 虚拟现实的媒介建构：一种媒介技术史的视角

"虚拟现实"这个概念最早是由美国计算机科学家杰伦·拉尼尔于1984年正式提出的。"虚拟现实"这个充满想象力的名称由于具有沉浸性（immersive）、交互式（interactive）的现实模拟能力，而受到学界、业界和媒体的广泛关注，并在工程设计、军工科技，特别是娱乐产业中大放异彩。在此后近40年的时间里，"虚拟现实"的技术形态也伴随着媒介技术的进步而不断地发生着复杂而深刻的变化。随着计算机硬件设备、网络基础设施的不断进步和人机交互技术的不断革新，人类所感知到的"虚拟世界"与"现实世界"之间出现了越来越多的模糊地带。2023年6月，苹果公司发布了其首款头戴式显示器Apple Vision Pro：它被认为是引领行业进入空间计算（spatial computing）时代的颠覆式产品。2013年，谷歌宣布其研发的谷歌眼镜（Google Glass）项目正式面向美国用户接受预订：它将信息层叠加在人眼所见的物理层上，直接完成了对物理空间的二次建构；2009年，微软公司的Kinect3D体感摄影机以全新的人机交互技术打通了虚拟与现实之间的"魔环"[1]；2005年，美国林登实验室（Linden Lab）所创建的网络虚拟现实社区《第二人生》（*Second Life*）红极一时，一度被视为网络虚拟空间中全新的社会形态。

---

[1] 荷兰历史学家赫伊津哈（Johan Huizinga）认为，游戏可以构建起一个"魔环"（magic circle），将参与者与外界世界暂时隔离开。参与者在游戏期间服从于一个暂时性的社会系统，该系统的规则仅仅适用于游戏参与期间。对于这个"魔环"之外的人或事，并不起到任何限定作用。

任何新媒体出现之初，每个人都像孩童发现了世界一般，认为是自己发明了这一切。而当你稍做一些研究就会发现，旧石器时代的洞穴人在墙壁上的涂鸦对于他们来讲就是某种程度上的虚拟现实。所谓的新发明是，更加发达精密的仪器让我们实现这个目的的过程更加简单，但对现实的虚拟却是一直缠绕着的梦。[1]

在如今复杂的媒介技术生态下重新理解虚拟与现实的关系，是理解未来媒介建构现实的重要基础与逻辑起点。诚然，虚拟现实是新媒体技术的前沿领域，但纵观人类的媒介技术史，无论是通过抽离或具象的艺术创作，如写作、绘画、雕刻、戏剧，还是通过现代的视觉技术，如照相、电影或电视，人类一直在寻求通过艺术或技术的方式再现现实，实现"在彼处"（being elsewhere）的感官体验而不局限于任何媒体形态。将人的身体或心理沉浸于某个由媒介建构的虚拟现实空间的做法自古有之，在这个背后存在着重要的历史动因，它推动着媒介形态在"虚拟化"脉络上不断探索。林文刚在总结了媒介环境学者对于媒介技术演进历史的研究后认为，媒介环境学有一个分析历史演化的独特方式，就是所谓的"媒介的历史分期"，即口语时代（在口语文化中）、前工业时代（在文字或书写文化中）、电子时代（在电子传播技术主导的文化中）。本章将从不同的历史分期出发，探讨虚拟现实技术的形态演变。

第一节　口语时代的现实再现：从洞穴隐喻到"三个世界"

人类使用媒介技术再现现实的历史可以追溯到旧石器时代。在法国韦泽尔峡谷（Vézère）岩洞中发现的人类历史上最早的壁画距今约有两万年。旧石器时代的尚塞拉德人（Chancelade man）使用了可能是当时最先进的"媒体技术"——粉末颜料经过混合并与油脂调配后，使用骨管吹喷到岩面上——记录

---

[1] Baudrillard J. Simulacra and simulations. In: Baudrillard, ed. Crime and Media. Oxfordshire: Routledge, 2019. 69-85.

并重现了旧石器时代的日常狩猎场景。为了让视觉感官更加逼真，尚塞拉德人甚至使用了透视绘画法（见图 2.1）。

图 2.1　法国韦泽尔峡谷壁画岩洞（距今两万年以前）

对于早期人类来说，采用复杂工艺进行生活场景的虚拟再现不仅仅是出于记事的目的。古人类学家的研究认为，尚塞拉德人创作的目的可能是：（1）出于游戏消遣的目的，这是古代人类由涂鸦发展出来的一种消遣方式；（2）出于宗教或巫术上的需要，是某种仪式或象征，是一种集体认同感的体现。但不管怎样，韦泽尔峡谷中的这幅壁画恰恰呼应了几万年以后网络时代虚拟现实的两大重要功能：一是消遣娱乐，二是作为集体身份认同仪式的场所。

麦克卢汉将人类历史分为部落化、非部落化与再部落化三个阶段。在原始人类的部落时代，文字尚未被发明，人类依靠简单的口语进行口耳之间的人际传播。在书写以及文字发明之前，原始时期的人类所感知的世界处于未经过媒介中介的阶段，大多依靠直接经验感知而得，是原始的、真实的物理世界的直接呈现；同时，人类通过与生俱来的生理构造——听觉、嗅觉、触觉、味觉等身体信道感知世界。因此，在这个阶段，人体的媒介系统处于史前的整合阶段。各种感知信道统一在身体界面之下，达到原始的、完美的平衡。

这个时期的世界是由神话和仪式高度程式化的世界，在这样的传播中，口语具有至高无上的权威和魔力，如祈祷、诅咒、施行巫术，不仅用来传递信息，而且用来支配世界。一个部落的集体认同、历史传承和文化维系都依靠这样最原始的传播方式。在口语传播中，原始人类通过叙事完成对物理世界的重新建构。

语言与文字的发明，使得人类原本由口语整合的媒介系统开始分裂。语言成为建构世界的新方式，而由文字记录的方式使得原本直接的感知和经验可以通过文字实现跨时空的传播。从此，人类认识世界和社会就开始借助于各种媒介技术和表达方法，而不仅仅是通过直接的经验。换言之，间接经验在人类对于世界和社会的认知中所占的比例逐渐增加。因此，从人的角度来看，世界开始分裂为若干不同层面的图景。

柏拉图用"洞穴隐喻"区分了物理世界和理念世界。在他看来，物理世界可感而不可知，而理念世界却是可知而不可感。柏拉图假设倘若人从出生之初就如囚徒般被囚禁在一个洞穴中，背对洞口，面朝洞壁，失去行动的自由，而只能看着墙壁上光线所投射出影子，而一些人在囚徒的背后用各种虚假的道具做各种动作，并配合发出声音，这一切都投射在墙壁上。对于那群囚徒来说，由于从他们进入洞穴的第一天开始，墙壁上的影子就是他们全部视野中世界的现状，因此他们无法区分"影子"与"真实物体"，会误将这些幻像当作世界的原貌。而当他们终于获得自由的时候，却会以为背后的真实世界是他们看到的幻像和虚拟的影子。因此柏拉图认为，一切物理世界都是理念世界的投射与像。换言之，他认为"现实"是"虚拟"的投影（见图2.2）。

而英国哲学家卡尔·波普（Karl Popper）则提出了"三个世界"理论。他认为世界可以分为物理的、精神的和客观的三大类：物理世界（"世界1"）是指所有事物的物质基础，一切世界的基本条件所在，是自然的、未经人工改造过的世界；精神世界（"世界2"）则指主体的内心精神活动所建构起来的世界，并且通过人的主观能动性对物理世界起到反馈作用；而客观世界（"世界3"）则是由所有的主观精神活动所建构起来的产物，包括抽象的语言、文字等，也包括具象的图书、工具、房屋建筑等。据此分类,波普认为世界 1 是纯粹实在、物理性的,世界 2 是纯粹虚拟的,而世界 3 是实虚混合的(见图 2.3)。

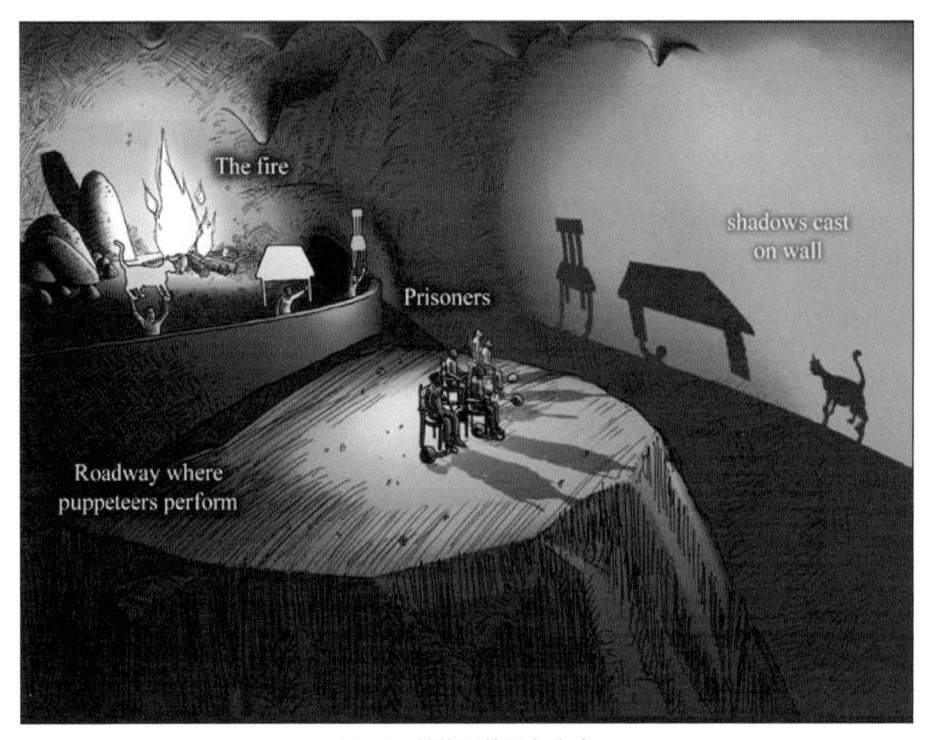

图 2.2 柏拉图的洞穴隐喻

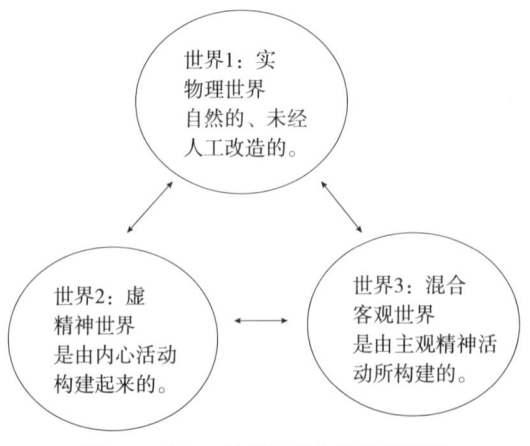

图 2.3 卡尔·波普的三个世界关系图

第二节　前工业时代的现实再现：从指意到仿真

文字和图像、抽象与具象的二元对立一直伴随着媒介建构现实的历史。这样的二元关系不仅仅体现在哲学思辨中，也体现在艺术史之中。一些艺术家利用直接的具象感知（如图形化）进行艺术创作；另一些人则利用抽象呈现（如文字、叙事等）完成作品。在一段时期中，二者甚至以彼此批判和对立的角色存在。玛格丽特·魏特罕（Margaret Wertheim）称这两种范式为"灵魂的内眼"（inner eye of soul）与"身体的物理眼"（the physical eye of the body）。[1]

在前文艺复兴时代，西方绘画对于现实本质的精神再现多于物理再现，其符号学的意义是指意（signification）大于仿真（simulation）。这个时期，绘画大多从二维平面的角度构建图景（写实的或是虚构的），而观察者本身是被排斥在画面之外的。

随着透视法在绘画中的应用，艺术家可以在平面的画布上创作出具有三维立体效果的绘画。这种被称为视觉陷阱（Trompe-l'œil）的绘画技巧使二维的绘画给人以极度真实的三维空间的感受，在文艺复兴时期被艺术家们广泛地应用。法国的艺术批评家弗朗卡斯特（Francastel）在评论意大利画家马萨乔（Masaccio）用透视法则在文艺复兴早期创作的世界名画《贡品》（Tribute Money）时，被其现实再现的感染力所折服，认为从此人们将被物理的感官即时知觉（immediate physical apprehension）征服，而不再被抽象的叙事法则束缚（见图2.4）。[2]

老普利尼（Pliny the Elder）在《自然历史》（Natural History）中曾经提及古希腊两个名画家宙克西斯（Zeuxis）和帕尔哈西奥斯（Parrhasios）之间赛画的传奇故事。这两个画家都各自带了一幅画作去参加比赛。宙克西斯先掀开了他的画作，画中几乎可乱真的葡萄吸引了附近的鸟儿，停在他的画布上啄食。得意扬扬的宙克西斯走到帕尔哈西奥斯的画作前，动手想掀去覆盖在画作上的布。突然间宙克西斯却泄了气，因为他发现他想要掀去的布其实就是帕尔哈西

---

[1] [美]玛格丽特·魏特罕：《空间地图：从但丁的空间到网络的空间》，31页，薛绚译，台北，台湾商务印书馆，1999。

[2] Biocca F. Communication Within Virtual Reality: Creating a Space for Research. Journal of Communication, 1992（42）: 5-5.

图 2.4　意大利画家马萨乔的《贡品》

奥斯的画作本身。宙克西斯自己的画欺骗了鸟,但帕尔哈西奥斯的画却欺骗了他(见图 2.5)。这可谓是绘画艺术创造虚拟现实的最高境界。

图 2.5　古希腊名画家宙克西斯和帕尔哈西奥斯赛画

艺术史上全景式绘画的发明将对于虚拟现实的效果的追求推向了新的高峰。西方绘画史中最早的全景式绘画是位于法国阿维尼翁的教皇宫雄鹿室(Chambre du Cerf）房内 1343 年绘制的壁画（见图 2.6）。在这个书房内，除了窗户和房顶外，所有墙壁都绘制着黑森林中狩猎的图景。尽管壁画是从离地面 1.2 米处开始，整幅作品还是可被视作全景式艺术，一方面是因为画幅达到 360 度，另一方面是由于该作品没有任何画框。1787 年，英国画家罗伯特·巴克（Robert Barker）将他的画作展示在一个圆柱的表面上（见图 2.7），并且创造了"全景"（panorama）这个说法。这是第一次打破常规限制，让观众觉得自己仿佛站在卡尔顿山上俯瞰爱丁堡的风景。全景画强调"没有画框"，这与虚拟现实技术中强调无媒介中介感（non-mediation）具有异曲同工之妙；全景画的最大特征是能使观赏者全身心地沉浸在绘画所营造的时空之中——人是处于画中，而非置身画外，这与计算机时代虚拟现实的"沉浸感"（immersion）如出一辙。

在中国，西汉时期，陕西地区的人们发明了皮影戏这一艺术形式。多彩的皮革在幕布上投下影子，创造出戏剧效果。土耳其的皮影戏被称为"卡拉格兹"（Karagöz）。艺人在幕后操纵着皮影人物，再伴以音乐和歌唱方式演出，因而有"电影始祖"之美誉。到了 17 世纪，耶稣会教士阿塔纳斯珂雪（Athanasius Kircher）发明的"幻灯"（Magic lantern）在欧洲地区流行（见图 2.8）。除了大

图 2.6　法国阿维尼翁的教皇宫雄鹿室（Chamber du Cerf）房内 1343 年绘制的壁画

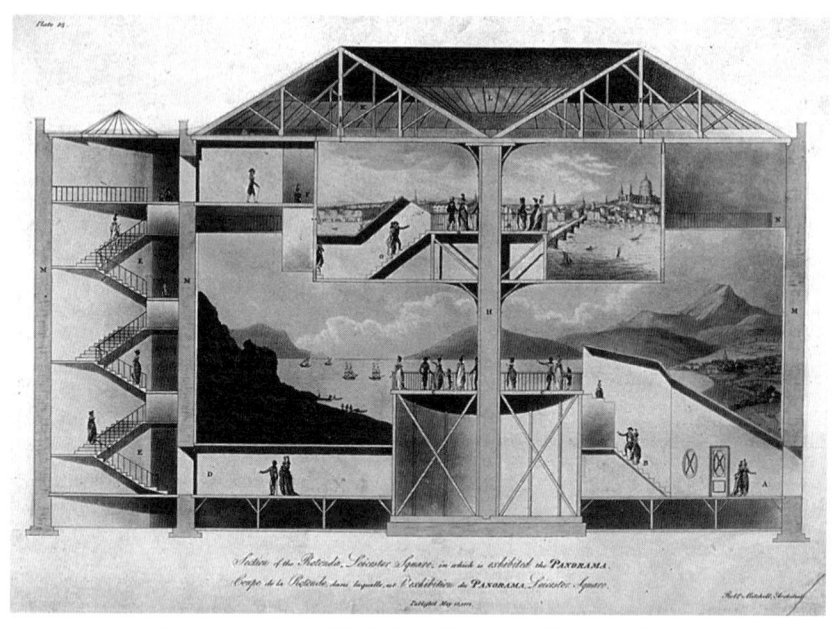

图 2.7 1787 年，英国画家罗伯特·巴克首创的全景画

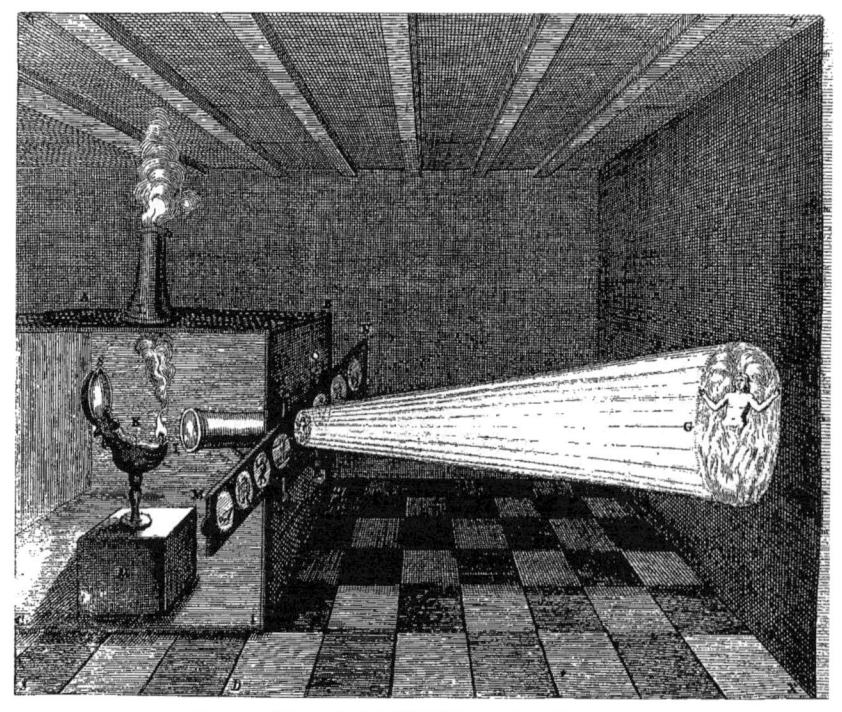

图 2.8 耶稣会教士阿塔纳斯珂雪发明的"幻灯"

众娱乐作用外，18世纪的巫师用幻灯把鬼怪的影像投射在烟雾中来达到蛊惑或者恐吓的目的，并且采用"多媒体"的方式，如声效、焰火、气味，甚至腹语，使得效果更加逼真。对于当时的大多数人来说，他们几乎很难有机会去目睹顶尖的艺术作品。即使在城市里，人们能够有机会接触到视觉艺术的机会无非是教堂的壁画和彩窗，书籍对于大多数人来说根本就是无处可寻，纸张和墨水几乎都是奢侈品。平民百姓的孩子唯一能够有机会画画的地方是在雪地或者沙地里。因此可以想象，当他们第一次看到这种"多媒体"营造的虚拟现实场景的时候，他们会有多么震惊。

1839年照相术的发明是媒介再现技术的里程碑，最初的照相技术被称为"达盖尔银版法"（Daguerreo type，银板照相法），由达盖尔发明于1839年。尽管达盖尔银版法的曝光时间长达30分钟，在今天看来几乎毫无便利可言，但也足以让画家保罗·德拉罗什（Paul Delaroche）在1840年第一次看到由达盖尔银版法拍摄的照片时惊叹道："从现在起，绘画已经死了（from today, painting is dead!）"。此后，立体镜（stereoscope）的发明将照相术所复制的二维图像变成了三维立体。老奥利弗·温德尔·霍姆斯（Oliver Wendell Holmes, Sr.）在1857年第一次透过立体镜看到了近在咫尺的立体像时，他惊叹地预言到人类很快会创造出一个包括万事万物本质且可复制的巨大数据库，在这个史无前例的博物馆中，科学家将会制造出一个镜像的世界，并通过立体照片储存起来。[1]

从此，形式将与物质相分离。事实上，作为可见物体的物质除了建模之外再没有什么更大的用途。物质永远是固定的、昂贵的；而形式则是廉价的、方便传输的。这个技术将会导致出现一种搜集了所有万事万物形态的巨大的图书馆。人们想目睹任何物体，无论是自然物还是人造的，都可以来到这个立体镜的图书馆里检索它的形式以便观瞻。[2]

在一个半世纪以后，数字时代的人们依然试图通过最新的计算机技术去

---

[1] Holmes Jr., Oliver W. Courtesy of Art & Visual Materials. Special Collections Department. Harvard Law School Library, 1859.
[2] 同上。

建立这样一个"包括万事万物本质且可复制的巨大数据库"。戴维·杰勒恩特（David Gelernter）于 1991 年提出"镜像世界"（mirror world）的概念，在其著作《镜像世界》中，杰勒恩特预言，随着计算能力的增强和无所不在的连接，人类将用数据流和算法创造出一个真实世界的微缩模型，可以被理解、被操纵、被重新安排。杰勒恩特认为，镜像世界最大的价值是给我们一个"高处视角"（topsight），允许我们以前所未有的丰富细节与深度观察和跟踪真实世界，而不是逃避。人类通过对信息的管理，理解和控制世界。[1] 相关的应用如谷歌地球（Google Earth），它把卫星照片、航空照相和 GIS 布置在一个地球的三维模型上，并最终建立了一个基于真实世界地理坐标的世界博物馆。

第三节　电子媒介时代的现实再现：从《火车进站》到全景仿真

电子媒介时代开始于 19 世纪初电报的发明。詹姆斯·凯瑞（2005）在《作为文化的传播》一书中，专门就电报的发明对人类传播观和世界观的冲击进行了分析。他认为，在电报发明前，人类信息的传播和物质的运输是一体的。因此，"运输"与"传播"是同义词。电报的发明第一次使得人类信息符号系统独立于运输系统之外而独立存在，并且更高效、更便捷。电子媒介引进的不仅仅是新的传输内容，而是认识和感知世界的全新方式。如果说印刷时代的特征是线性的、理性的思维，那么电子时代更偏向于人类的直觉和感官。而在电子媒介时代，现实通过光和电的技术得到了前所未有的重构。

1895 年，长达半个多世纪的"电影发明接力赛"终于到达终点，为此画上句号的是两位法国人——卢米埃尔兄弟（Lumiere August and Louis，奥古斯特·卢米埃尔和路易·卢米埃尔）。1895 年之前近十年，在不同国家和地区已经有多位先驱电影人使用现成或自制的设备放映电影，片源则来自美国发明家托马斯·爱迪生的"西洋镜"影片拷贝，或者使用经改进的"马莱式摄影枪"摄制。然而世界各国的民众对这一新鲜事物反应普遍冷淡。因此，这些放映活动的知

1　Gelernter D. Mirror Worlds: or the Day Software Puts the Universe in a Shoebox...How It Will Happen and What It Will Mean. USA: Oxford University Press, 1993.

名度和影响力都比不上卢米埃尔兄弟在巴黎嘉布遣路 14 号"大咖啡馆"举行的电影放映会。这批在"印度沙龙"中放映的电影有《工厂大门》《火车进站》《水浇园丁》等 12 个短片，放映时间约半小时，公开收费。1895 年的巴黎电影观众对这种真实活动影像所带来的震撼力显然毫无准备，结果在《火车进站》放映过程中，有不少观众受惊吓中途退场——他们以为火车真的要撞过来了。

安德烈·巴赞（Andre Bazin）认为照相机和电影的发明是人类再造现实的两个重要步骤，他认为，摄影首先是记录现实的工具，其次才是艺术创作的形式。在《电影是什么？》一书中，巴赞提出电影发明的最初目的是真实、精确地再现现实的场景。电影透过光影、声音，完美地再现了外部世界的现实。电影高度写实性的题材和逼真的效果造成的冲击性是巨大的。

1927 年美国的华纳电影公司因为本身的财务问题，大胆采用贝尔电话公司的"维他风有声系统（vitaphone）"，推出第一部有声的歌唱电影《爵士歌手》，使有声电影具有商业可行性。当哈里·华纳（Harry Warner）第一次见到声画同步的电影时，他回忆道：

当我在贝尔实验室听到银幕上管弦乐队的演奏声，我几乎不敢相信自己的耳朵。我跑到屏幕的后面看看是不是他们在那里藏了一支乐队配合画面在进行演奏。他们看到我这个举止都哈哈大笑。整套设备在一个并不是很大的房间里，很多设备我都从来没有见过，但绝对没有地方藏一支乐队。[1]

与此同时，柯达公司发明的特艺彩色（Technicolor）使电影进入彩色时代。特艺彩色技术主要利用彩色滤镜、局部镜子、三棱镜，以及三卷黑白胶卷，同时纪录三原色光。该技术以呈现超现实色彩及有着饱和的色彩层次而闻名（见图 2.9），初时多被用在拍摄对于色彩要求较高的舞蹈音乐及卡通类型影片。很多著名电影使用特艺彩色拍摄，例如《乱世佳人》《绿野仙踪》及《白雪公主》等。在 1950 年代之前，"特艺彩色"几乎是彩色影片的代名词。

1939 年纽约世界博览会开幕前一周，美国商业无线电和电视的先驱和企业

---

[1] Pnmental K，Teixeira K. Virtual Reality：Through the new looking glass. Windcrest/McGraw Hill，1993.

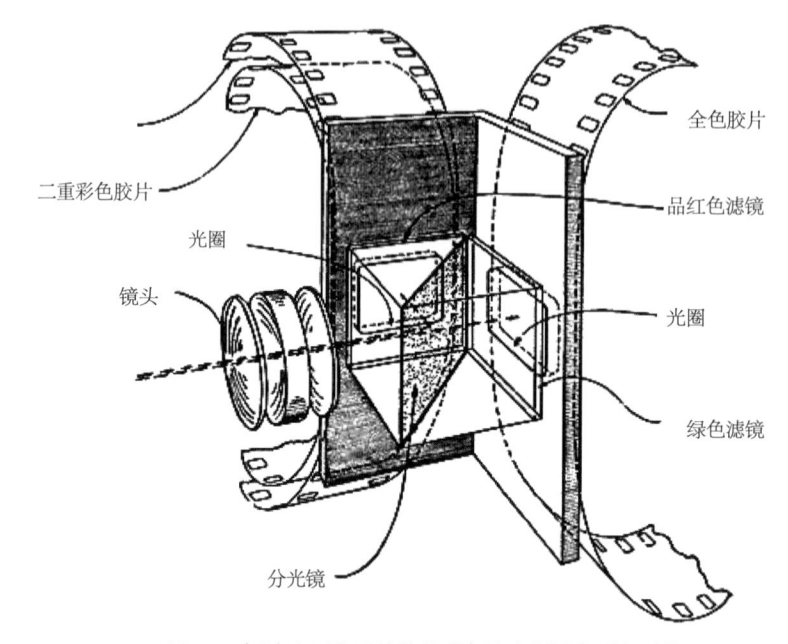

图 2.9　柯达公司发明的特艺彩色使电影进入彩色时代

家、被誉为美国广播通信业之父的大卫·沙诺夫（David Sarnoff）在其创办的美国无线电公司（Radio Corporation of America，RCA）发表了题为《一个产业的诞生》的演讲。在这个有史以来电视播出的第一则新闻中，沙诺夫预言有朝一日电视将会成为一个重要的媒体：

> 此时此刻我深感卑微地在此宣布这个国家一种新的艺术的诞生，它的诞生蕴含着如此之重要的意义，终将有一天，它将彻底改变整个社会。[1]

一周以后，1939 年 4 月 30 日，时任美国总统罗斯福在世界博览会上发表的开幕演说，标志着美国商用电视转播的开始。美国无线电公司着力推出的电视接收机（Phantom Teleceiver）成为当届博览会众人瞩目的焦点。当时的电视机采用木质外壳，但在世博会上，为了打消人们对这种新玩意是否在木盒子里动了手脚的疑虑，特意将木头盒子换成了透明玻璃，以便让好奇的观众可以透

---

[1] Sarnoff D. Possible social effects of television.The Annals of the American Academy of Political and Social Science，1941，213（1）：145-152.

过玻璃看到里面的部件。如今再回看，70多年前大卫·沙诺夫的预言都成为了现实。电视对人类社会的影响是全面的、难以估量的。3D立体电视被认为是电视产业正在进行的又一次革命。3D电视利用人类左右眼睛的视差而产生立体感。观众在家就可享受立体电视节目。

早在20世纪20年代，美国著名新闻评论家、传播学者李普曼就在其所著的《公众舆论》一书中首次使用"拟态环境（Pseudo-environment）"一词。他认为经由媒体中介的环境不是真实社会环境的镜面反映，而会因为媒介的技术特性和社会特性产生偏差。因此，在大众传媒社会，人们通过媒介有选择地加工，去认知"拟态环境"，同时在自己的意识中形成一个主观的对外界世界的想象，并基于此构想与外部世界进行交互。因此，主观世界对于客观真实世界的理解和建构是存在着偏差的，是一种拟态的现实。日本藤竹晓则将这个概念进一步阐释道，人类对于客观世界的偏移的、拟态化的认知会客观上成为人们改造社会的依据，因此拟态环境与真实环境是很难完全区分开的。

批评者认为，电视并没有再现全世界并创造出地球村，却将我们和世界的实际经验分离，令我们投入它所构成的人工世界，并在其中丧失行动能力。这提醒我们，在自我延伸中麻木并与之形成封闭系统的效应并非只见于电影，而已存在于四周的真实环境之中。利里（Timothy Leary）认为多数美国人自电视流行后就已住在虚拟现实中，谢尔曼和贾德金（Sherman & Judkins）则指出，电视节目就像壁纸般把人团团围住，而更引人入胜的模拟真实将令情况恶化。[1]

与此同时，许多电影技术在19世纪末20世纪初都已经陆续出现，直到20世纪50年代才进入院线的商业使用，这是由于20世纪50年代好莱坞需要面临票房的下降与一个强有力竞争对手的出现——电视。因此，好莱坞转向了3D、宽屏等技术，以强烈的现实再造和模拟能力期待将人们重新吸引到电影院中。3D电影对人的存在感造成了巨大冲击，斯莱特和威尔伯（Slater & Wilbur）认为，在3D电影技术的冲击下，物理现实和银幕现实之间开始融为一体。[2] 第一部彩色3D电影《博瓦纳的魔鬼》（*Bwana Devil*）于1952年完成，仅在第一周就取得

---

1 Lanier, Jaron. You Are Not a Gadget: A Manifesto. New York: Vintage, Reprint edition, 2011.
2 Slater M, Wilbur S. A framework for immersive virtual environments (FIVE): Speculations on the role of presence in virtual environments. Presence: Teleoperators and Virtual Environments, 1997（6）: 603-616.

了在当时惊人的 10 万美元的票房纪录。有趣的是，在当时的电影推销广告中，商家主打的正是身临其境的虚拟现实感，如：

"屏幕电影时代已经过去了，你，而非摄影机，就在故事现场！"（Bwana Devil，1952）；

"故事以 3D 的方式发生在你身上！"（Man in the Dark，1953）；

"让动作发生在你的大腿之上！"（The Starlet，1974）。

与此同时，宽屏幕电影热潮开始席卷世界。西尼拉玛型立体声宽银幕电影（Cinerama）又称全景电影，拍摄时由 3 台连接在一起的摄影机，在 3 条 35 毫米的胶片上分别摄取宽幅画面的三分之一，放映时使用 3 台同步运转的放映机，将各占画面三分之一的 3 条影片同时投映于银幕上，并合成整幅画面。全景电影放映在宽阔的弧形银幕上，为观众提供 146 度的水平视野，并配有多路立体环音装置（见图 2.10）。1952 年 9 月 30 日，第一部西尼拉玛电影《这是西尼拉玛》在纽约百老汇剧院首次公开上映。影片一开始选用了在西尼拉玛出现以前

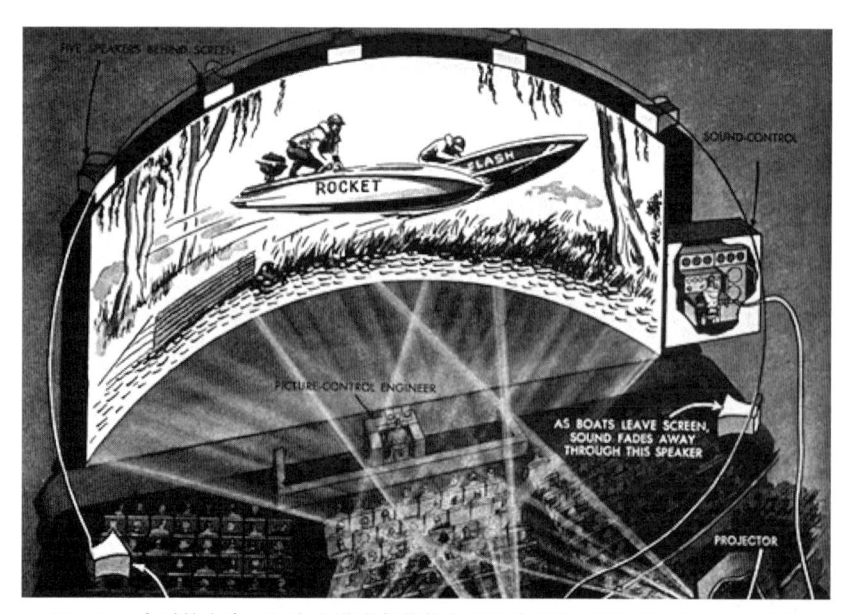

图 2.10　当时的广告词是这么描述宽荧幕电影的体验的："你不再是观看一块电影屏幕，你会发现自己身临其境"

的几个简单镜头，然后转瞬之间，银幕画面一下子扩展到了最大尺寸（65×25英尺，约 19.8 米×7.6 米），相当于普通银幕的几倍，观众随着银幕上的空中飞车镜头做了一次惊险的滑行，使人产生一种空前惊心动魄的感觉，于是西尼拉玛一举成功。很快，许多影院购买了西尼拉玛设备，开始放映西尼拉玛电影。

宽荧幕电影标志着观众与银幕关系的革命。如果说传统的窄荧幕电影是一种消极的观影方式，那么在宽荧幕电影中，受众由于沉浸于环绕式荧幕画面和多声道立体声效果而产生一种高度参与的心理反应。除此之外，一些电影院还开始引入触觉感知，即 4D 电影。如在放映《猛鬼屋》（House on Haunted Hill）的骷髅骨场面时，戏院银幕旁就真的会弹出塑料骷髅骨在观众面前掠过；放映由威廉·卡斯尔（William Castle）1959 年制作并执导的美国恐怖片《廷格勒》（The Tingler）的戏院，部分座椅通了小量电流；而观看他的《13 猛鬼》（13 Ghosts），观众只要戴上特殊眼镜，就可"见鬼"，他将这个噱头称为"幻视"（Illusion-o）。"幻视"的原理是，影片有鬼出现的片段皆被上了蓝色，观众戴上的则是红色及蓝色胶片层迭的特制眼镜。在片头，卡斯尔会现身教观众：胆大的就用红色镜片看，胆小的就用蓝色，蓝色镜片是"驱鬼器"（Ghosts Remover），以此减轻影片的惊吓度。

嗅觉体验也是电影试验的重要内容。嗅觉电影（Smell-O-Vision）技术发明于 20 世纪 50 年代。该技术根据不同的情节环境，通过释放特殊气味来给观众提供与画面相匹配的嗅觉感受。在 1960 年的影片《神秘的气味》（Scent of Mystery）中，该技术一共动用了 30 种不同气味。

在《未来的影院》一书中，莫顿·海利格（Morton Heilig）提出了多感官电影的概念，并且在 1959 年拿出了一份关于体验式电影院的详细设计方案。1962 年莫顿·海利格发明了全景仿真机（sensorama）（见图 2.11），观众只需把头伸进一个盒子里即可观看一段"骑车穿过布鲁克林大街"的 3D 电影。整个设备结构包括一个三维的空间、立体的图片、立体声的音响、气味传播器及造风机，从各个角度来营造真实。莫顿·海利格被公认为虚拟现实之父。尽管对虚拟环境研究做出了重要的贡献，但全景仿真机系统还是基于消极的受众接受模式，受众与虚拟环境之间并不存在直接的互动关系。在他看来，电影院的形式只是开端，他写道：

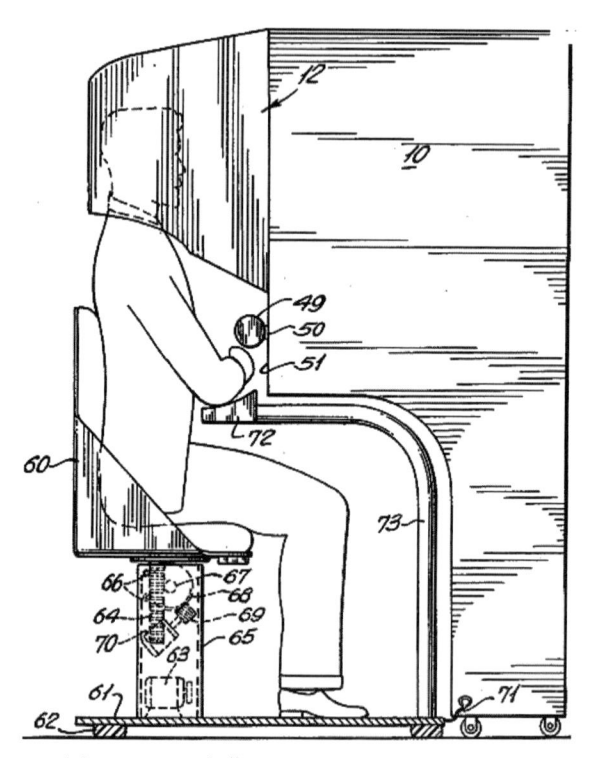

图 2.11　1962 年莫顿·海利格发明的全景仿真机

如果电影的新目标是创造令人信服的现实错觉，那么我们为什么还要固守成规呢？为什么不向传统的二维画面、荧幕框架、水平观众位、有限的感知渠道说再见？为什么不去探索那些可以增强现实存在感的技术？

第四节　虚拟现实的技术起源与社会建构

作为计算机技术虚拟现实的历史，最早可以追溯到第一次世界大战前。早在 1908 年，当时的美国战争部（American War Department）在飞行试验的时候遭遇惨痛事故。痛定思痛，此后美国军方一直在寻求经济且安全的训练模拟设备。二战期间为训练轰炸机飞行员，军方向麻省理工学院咨询是否能够开发出一款高逼真度的飞行仿真器。军方要求该仿真设备应基于空气动力学原理设计，驾驶体验与实际无限接近，以便进行各种航空训练和测试。同时，通过计算机可以将飞行员模拟操作产生的数据实时反映到仪表盘上。

时年28岁的杰伊·福雷斯特（Jay Forrester）所领导的MIT新建的数字计算机实验室接下了这个任务，史称"旋风"计划。在"旋风"计划中，麻省理工学院自动控制装置实验室（Servomechanisms Laboratory）设计的"飞行稳定性控制分析仪"（airplane stability control analyzer）通过计算飞行器的飞行动作与空气动力学的平衡，实现飞行数据的模拟。这个飞行模拟器被认为是虚拟现实的始祖，而军事训练和仿真模拟也是战后整个冷战时期虚拟现实最重要的应用。

美国军方模拟的虚拟现实很快从单纯的飞行模拟扩展到坦克驾驶模拟、军舰驾驶模拟等。20世纪60年代，在美国国防部高级研究计划署（ARPA）的资助下，伊凡·苏泽兰[1]设计了第一个可操控、交互式头戴式显示器（见图2.12）。许多人都将他于1965年的研究论文《终极显示器》和《头戴式三维显示器》看作虚拟现实技术诞生的标志。伊凡·苏泽兰也被称为"虚拟现实之父"。

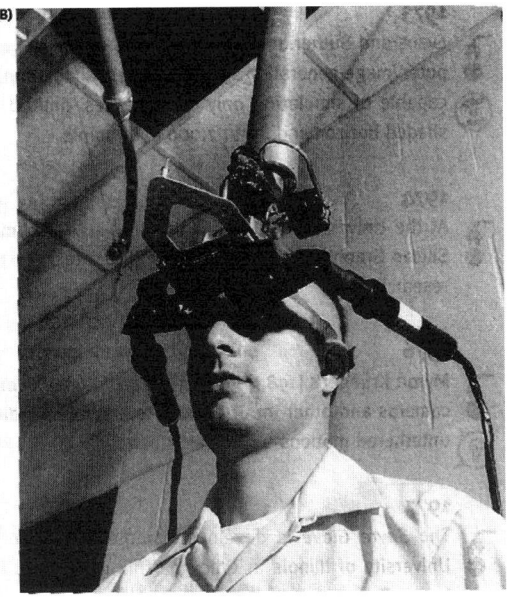

图2.12　伊凡·苏泽兰与头戴式三维显示器

1　伊凡·苏泽兰，美国计算机科学家，互联网先驱。1964年成为ARPA的信息处理技术办公室主任。1988年由于发明了Sketchpad，可以通过使用手持物体（如光笔）直接在显示屏幕上创建图形图像，他因此获得了1988年图灵奖，并进入了ARPA的研究人员名册。

在后冷战时代，由于军备竞赛的终结，许多曾经因军事目的而发起的研究都需要考虑如何转向市场化。以美国为例，20世纪80年代以后大量军用技术开始向商业化和民用领域转化，经过二次开发后投入市场。这个过程被称为副产品衍生（spin off）。在这样的历史背景下，虚拟现实技术完成了从军事目的到商业娱乐应用的转化。如今使用的"虚拟现实"一词是由杰伦·拉尼尔于1984年正式提出的。在他看来，虚拟现实技术的所有努力都是为了"分享想象，生活在一个可以互相表达图像和听觉的世界"[1]。在这里，所谓"互相表达"代表在这样的虚拟环境中人与人、人与环境的关系是可以互动的；而所谓"图像和听觉的世界"说明了通过虚拟现实设备对人类生理感官系统的隔离，可以在技术上重塑人类的感官世界，并且这个世界是听觉和视觉（图像）统一的。按照麦克卢汉的说法，这是再部落化时代的终极媒介：在一个流动的虚拟空间中，人的感官统一得到了再造和平衡。

1985年，视觉程序语言研究机构（VPL Research）成为美国军方该项目研发的承包商。在商业逻辑下，虚拟现实的商用与军用开发共同发展起来，并且相互促进。虚拟现实技术在电子娱乐设备上的第一个杀手级应用是由视觉程序语言研究机构另外一位创始人托马斯·齐默曼（Thomas Zimmerman）发明的一个用于商业娱乐的虚拟现实装置——"空气吉他"（Air guitar）。用户戴上一个特殊的数据手套后，就可以空手弹奏出真实的吉他音符。此后视觉程序语言研究机构又陆续推出了商业化头盔显示器和第一个全身数据追踪系统（Datesuit）。拉尼尔和齐默曼另外一个里程碑式的贡献在于：他们创造出第一个共享式虚拟环境（Shared Virtual Reality Environment），即通过连接到同一虚拟环境的多个终端设备，多人可以同时参与到同一个虚拟环境中，彼此交互。

虚拟现实技术很快就风靡整个电子娱乐产业。这种高度沉浸和互动的游戏设备在与传统街机（arcade）的竞争中迅速脱颖而出。1987年，视觉程序语言研究机构与Abrahms Gentile娱乐公司（AGE）联合推出了家用电子游戏机的交互设备"威力手套"（Power Glove）。在任天堂的拳击游戏中，玩家戴上这款手套做出拳击动作，游戏机就会做出相似的动作模拟，因此给玩家以更加逼真的

---

1 Heim M. Virtual Realism. New York: Oxford University Press, 1998.

体验。无论是从当时的市场调查还是从实际的销售情况看，玩家都愿意为获得更加逼真的模拟效果而花更多的钱购买硬件设备。[1]

20世纪90年代，虚拟世界娱乐公司（Virtual World Entertainment）和虚空公司（Virtuality）是当时两家最大的虚拟现实系统硬件和软件开发商。它们当时开发了一系列基于虚拟现实技术的游戏，如《噩梦》（Dactyl Nightmare）、《区域猎人》（Zone hunter）、《暴战机甲兵》（Battletech）等都风靡一时，在市场上获得了良好的反响。值得注意的是，这两家公司的核心技术开发人员如埃里克·豪利特（Eric Howlett）、斯蒂芬·布莱森（Steven Bryson）等都曾在NASA等美国军方研究机构的虚拟现实研发项目中任职。核心技术人员的流动也反映了虚拟现实技术从军方到娱乐产业的转化过程。

针对虚拟现实的娱乐应用，不少早期的虚拟现实技术专家持批评的态度。他们通常指摘娱乐化的应用过于短视，而未能从长远的角度将虚拟现实设计成为一种大众传播媒介。娱乐方向的开发将重点放在图形显示等能力上，而忽略了其他通用的计算能力。但从历史上看，新技术诞生之初，发明者通常会用宏大叙事的方式强调该技术的"严肃意义"，而刻意忽略其可能带来的娱乐革命。如爱迪生在发明留声机之初，也未曾想到其对于音乐娱乐产业的革命性意义。

另外，关于虚拟现实环境的科研还在不断进步之中。1992年，由托马斯·德凡蒂（Thomas A. DeFanti）等人带领的研究小组在芝加哥的伊利诺伊大学创造了第一个洞穴状虚拟环境（CAVE，Cave Automatic Virtual Environment）并在SIGGRAPH[2]会议上进行了演示。洞穴状自动虚拟环境由背投屏幕做墙的立方空间组成。取CAVE（洞穴）这个名字的原因是对柏拉图"洞穴隐喻"的回应和致敬：柏拉图将世界分为感知世界和理念世界。关于我们对真实世界的认知想法不是现实本身，而是我们大脑创造的关于现实的概念。虚拟现实吸收了新柏拉图主义的"绽出"（ecstasis）理论——灵魂从肉体中解脱出来。在某些虚拟现实中，灵魂被心灵所取代，"绽出"的意义在于沉浸在电子数据流中，所谓网络

1　Larijani L C.The Virtual Reality Primer.New York：McGraw-Hill，1994.
2　SIGGRAPH 是 ACM SIGGRAPH（美国计算机协会计算机图形专业组）组织的计算机图形学顶级年度会议。

空间就是一个统一的领域。而这样的"洞穴"在电子时代通过虚拟现实的技术得到了再现。

综合上文所述，可以将虚拟现实技术的产品形态发展大致分为三个阶段：

第一阶段，从一战到冷战末期。在该阶段内，虚拟现实的技术主要在军事应用的需求和军方研发资金的资助下开展。从技术特征上来讲，模拟的指令和请求通过文本和键盘输入，模拟虚拟环境在计算机主机中生成。由于计算机图形技术尚未发展，模拟的结果只能以文本的方式输出。该阶段的虚拟现实主要用于军方飞行模拟，后延伸到海军、坦克等模拟中。

第二阶段，从1985年开始，直至2004年。伴随着商业化的应用，虚拟现实技术成为娱乐产业的新兴技术，并伴随着大众媒体的报道，成为几乎家喻户晓的概念。在此期间，随着个人计算机的普及，图形化计算的发展以及人机交互设备的发展，虚拟现实已经可以获得直观的、实时的、沉浸式的体验效果。

第三阶段，从2004年以后，随着互联网的迅速发展，以交互性和用户生成内容为特征的Web 2.0时代来临，虚拟现实技术进入了崭新的阶段。通过个人电脑终端和互联网接入，普通消费者可以通过虚拟替身（第一人称视角或第三人称视角）进入大规模用户在线的虚拟空间，从事社交、娱乐、商业等不同目的的行动。这个阶段，虚拟现实产品的代表有《第二人生》等。

第五节　初代元宇宙：Web 3.0时代的虚拟现实技术形态

随着互联网技术的出现和迅速普及，虚拟现实技术迎来了新的里程碑：分布式虚拟环境（Distributed Virtual Environment，下简称DVE）出现。美国国防部高级项目研究计划局（DARPA）于1983年开始推出模拟网络（SIMENT）计划，其目的是为美国陆军提供一个可以模拟战场情况进行训练的分布式虚拟现实环境。1989年，该计划已经在美国本土和欧洲（德国）建成11个分布式虚拟现实基地，其中包括车辆模拟、虚拟指挥台等。此后在军事部门的资助下，分布式虚拟现实技术得到了进一步的发展。1994年，美国国防部高级项目研究计划局又同北大西洋联盟（NATO）联合研发虚拟现实战场（Synthetic Threat of

War），并于 1997 年进行了历史上第一次跨国虚拟现实模拟军事演习。

1996 年，美国国防部建模和模拟办公室（Modelling and Simulation Office）邀请美国国家研究委员会（National Research Council）召开关于如何将虚拟现实和模拟技术应用于军事训练的联席会议。大学研究院、游戏开发商、电影制作公司和军事训练研究人员都出席了这次会议。此后，美国国防部一直在虚拟战场模拟与高仿真作战训练系统的研发上投入重金，目前拥有全球最先进的虚拟现实军事模拟训练系统，包括海军、空军、陆军等多军种。如美国海军就开发了"虚拟舰艇作战指挥中心"的虚拟现实系统，可以实时地虚拟出如实战情形般的海军作战指挥中心环境。士兵使用该系统时，就如同在真实的战场中进行训练。[1] 3 年后，该局又投资研发多功能、多任务、多场景、多阶段的虚拟现实战场环境模拟系统（JSIMS 项目），并于 2002 年在该系统内进行了"千年挑战 2002"联合军事演习，该演习包括 1.5 万个目标，600 个作战平台及 400 种弹药，可产生约 6 万个仿真实体和 11 万种交互。将不同军种的 42 个仿真系统，约 90 多个盟员集成为一个大规模复杂的分布式虚拟战场环境。

同时，美国国防部高级研究计划局的战略语言训练项目也利用虚拟环境帮助士兵学习如何与外国人互动。士兵们通过虚拟软件被带入一个国外的村庄，他们会在那里遇到由老师或者计算机控制的当地人。这个项目强化了战略语言的课程培训，包括一整套完成某项任务所需的语言和文化技能。此后，军方又于 2008 年开始实施一项名为"Sentient Worldwide Simulation"的虚拟现实模拟项目，模拟几乎所有可能的现实地点和场景，如纽约市中心的地铁通道被恐怖分子用化学武器攻击时的场景，抑或是伊拉克巴格达市中心检查点的场景。该计划还可以模拟大规模伤亡救治的场景，训练军事以及民用医疗机构应对突发状况。同时还可以用于老兵的心理辅导，为患有战地心理遗留问题的老兵模拟当时的战地场景，让心理治疗医生能更好地寻找导致他们心理问题的原因。

随着《第二人生》这款现象级网络虚拟现实社区的兴起，分布式虚拟环境的定义和前景再度引发学界和业界的热议，虚拟世界提供了一种全新的

---

[1] 网易新闻：《美军使用作战虚拟仿真系统训练士兵》http://war.news.163.com/photoview/00AQ0001/10874.html#p=6GGDMFJF00AQ0001。

商业模式和互联网应用,主导着一次新的变革。2008年,美国国会研究所(Congressional Research Service,CRS[1])向美国国会提交的报告中指出:美国疾病预防与控制中心、美国国家海洋暨大气总署等一些政府机构也开始尝试在虚拟环境中建立其虚拟机构组织。但值得警惕的是,恐怖组织也有可能使用虚拟现实技术为未来的恐怖袭击进行效果更加逼真的训练。美国情报部门也因此开始着手研究未来虚拟现实的社会是否有可能成为网络战争的战场之一。一些情报官员指出目前虚拟世界的安全性非常脆弱,因为许多商业用的虚拟现实公司并不保留虚拟替身之间的对话记录,或监视虚拟替身如何被使用。情报部门人士指出,他们将发起虚拟世界中虚拟行为特征的研究,识别新兴的社会、行为和文化规范,以便于自动核查虚拟世界中是否存在可能危害国家安全的可疑行为。

美国国会研究所的报告同时也指出,由于美国的通信基础建立时间较早,同亚洲的一些互联网新兴大国相比设备相对陈旧。因此,日本、韩国、中国等亚洲国家在虚拟现实的发展上拥有后发优势。最为重要的是,拥有市场主导权的国家可能为未来的虚拟现实商用制订行业标准,也可能建立并拥有虚拟服务器的运行权,因此对未来可能基于虚拟现实环境的全球虚拟金融交易、交通、运输和商业传播具有独一无二的信息资源优势。

2011年,中国人民解放军主导研发出了首款大型网络军事模拟游戏《光荣使命》,由200多名优秀程序员和军事专家组成的研发团队为之付出了将近3年的努力(见图2.13)。《光荣使命》是由南京军区与光荣使命网络联合开发的中国第一款具有自主知识产权的军事游戏,是一款PC平台的射击类游戏,于2012年9月17日在中国大陆正式发售。包括CCTV新闻联播在内的国内外媒体对《光荣使命》进行了长期关注与报道。《光荣使命》作为一款网络游戏不仅加入了众多现代化军事设施,还加入了世界一流的枪械,对器材的特性做到精准,对场景进行无缝切割,通过野外战、阻击战、室内战、营救战来培养战士的自身能力。

---

[1] 美国国会研究服务部(CRS):设在国会图书馆内。其职能是为国会议员解答大量、广泛的问题,研究采用各种不同的方式,如报告、法律研究和分析综述、背景资料以及准备讲话材料等。国会研究服务部不为撰写报告而收集原始数据,而是用已有的评估报告,综合和提炼它们的主要结论,把有关材料提供给国会。大量报告开放下载:http://opencrs.com/。

图 2.13　中国人民解放军自主研发的网络军事模拟游戏《光荣使命》

第六节　虚拟化：虚拟现实建构的历史动因

通过媒介技术史的考察发现，尽管虚拟现实技术是 20 世纪末伴随计算机图形技术和互联网技术发展的产物，但对于虚拟现实的媒介建构以及对于肉体的"自我超越"却是人类媒介史中一以贯之的逻辑线索。实现"在彼处"的感官体验，不局限于任何媒体形式，而在这个背后有两个至关重要的动力：寻找感官的模拟和复制，"超越"物理性。

一、寻找感官的模拟和复制

英国艺术理论家、艺术史家诺曼·布列逊（William Norman Bryson）认为，对现实世界本质的复制（essential copy）是可能的，实现的途径是发现"完美技巧"。他认为：这个技艺随着现代技术的发展将越来越明朗。

从历史来看，"虚拟化"似乎是不可避免的。基督教历史悠久的破坏圣像运动正是源于对视觉化浪潮的恐慌。德尔图良在《论偶像崇拜》中说："当魔鬼把制作雕像、图像和各种其他类似事物的匠人引进世界时，对虚假之神和魔鬼的崇拜就立刻紧紧地迷惑住了世人的视线。"[1] 让·卡尔文则认为："我们只有在灵魂

1　[古罗马] 德尔图良：《护教篇》，涂世华译，31 页，上海，上海三联书店，2007。

深处才与上帝相似，而且没有图像能再现上帝。这就是为什么那些极力再现上帝本质的人都是疯子的原因。其实，即便是普通人价值甚微的精神灵魂也不可能得到再现。"这些对于视觉化的巨大反弹恰恰从反面说明了这股潮流的巨大力量。而电影《黑客帝国》中的母体通过"终极虚拟"完美复制了一个完整、巨细靡遗的世界，彻底骗过了全体人类的眼睛，正是视觉时代的极致表现。

二、"超越"物理性

在西方哲学中，"自我超越性"（transcendence）是个很重要的概念。它反映的是一个超越我们可见世界的世界。日常用语中，超越指在我们物质经验以外的东西。西方哲学由于超越概念而生二元论，二元论则成为西方哲学的特征。

而媒介再现技术的发展和进步，使得人们可以完成对于自身和现实世界物理性的超越。在《象征交易和死亡》一书中，让·鲍德里亚（Jean Baudrillard）将拟像分为三种不同的类型：首先是被称为"仿冒"的拟像。在古典时期，人们遵循自然规律，对自然物体进行材料的复制和延伸，或对人工物进行手工的加工和复制。进入工业时代以后，随着机械化生产能力的提高，对于拟像的复制无须手工完成，在工业化大生产的流水线下，所有的商品都一模一样。拟像本身开始脱离原始物而存在，并且即使某个类别的物体蓝本不再提供参考动作，拟像依然可以永久存在下去并且继续大量生产复制。这个阶段，就被称为"生产"的拟像，如机器人与本雅明的留声机。由于工业革命带来的印刷术的革命，使得大量复制文字和图像内容成为可能，并遵循市场和商业的法则进行交易。进入数字时代以后，这样的复制已经可以脱离物质生产，而变成纯粹的拟像的生产。进入后工业时代后，一切拟像的生产和存在以数字代码完成。鲍德里亚将这个时代称为"超真实"，是因为拟像与其本体之间的差别已经几乎不复存在。虚拟的物品以模拟的方式在网络赛博空间中存在。因此，这个时代又被称为"模拟"的拟像，它是受代码支配阶段的主要模式。

第三章　重访经典：从游戏、虚拟现实到元宇宙研究

第一节　幻想与科技：大众文化对于虚拟现实技术的诠释

计算机技术的快速发展给虚拟现实技术提供了肥沃的技术土壤，也给了大众媒体以充分的想象空间。西方近代哲学中所说的"自我超越性"（Transcendence），在形而上学和宗教传统中，通常指的是终极现实超越了可感知的物理世界；而在康德哲学中，"超越性"指超越了特定经验和感官知觉的认知能力，如空间和时间的概念。在存在主义和现象学中，"超越性"通常指个体超越给定情境的能力，而在当今的技术哲学讨论中，这种"自我超越"一方面体现在对外层空间探索的技术追求和文学想象上，另一方面则成为超越身体物理限制的追求。虚拟现实技术的迷思正暗合这一想象。叙事（Narrative）一直以来都是现代民族国家构建的必要条件。但在后国家性（post-national）的远程通信技术背景下，叙事让位于数据，赛博空间成为新的空间隐喻。通过"构建一个强技术性存在的寄居空间，科幻想象描绘出虚拟科技如何影响我们在世界的存在"[1]。在某种程度上，甚至取代了最富有远见的科学家和政策制定者，为我们描绘出未来所要构建的虚拟世界的图景。

事实上，大众媒体上关于科技想象和现实中科技进步这两者的关系一直是

1　Bukatman S R. Terminal Identity: The Virtual Subject in PostModern Science Fiction. American Literature, 1993, 67（2）.

许多学者关注的焦点。20世纪50年代，艾萨克·阿西莫夫（Isaac Asimov）在其科幻短篇小说《最后的问题》（*The Last Question*）中第一次描绘了未来人工智能的场景。他虚构了一台被称为马尔蒂瓦克（Multivac）的超级计算机。这台超级计算机，从现在我们熟知的晶体管结构，自我进化到与所有人类灵魂融为一体的超时空结构，最终在整个宇宙热寂湮灭之时，完成了终极问题"如何逆转宇宙的熵增"的计算和再现。

物质与能量都消失了，随之而去的是空间与时间。AC（Automatic Computer）的存在也仅仅是为了最后一个问题——自从十万亿年前一个半醉的计算机技术员向一台计算机（它与AC相比，还远不如当时的人类个体比之于融合的"人"）提出这个问题以来从来没有被回答过的问题。于是AC学会了如何逆转熵的方向。

但是AC无法向人给出这最后的问题的答案，因为没有人存在了。没关系，演示这个答案本身将一并解决这个问题。在又一超越时间的片刻之中，AC思考着怎样最好地做这件事情。AC小心地组织起程序。AC的意识包含了曾经的宇宙中的一切，在如今的混乱之中沉思、孵育。一步一步地，事情将会被做成。

然后AC说道："要有光！"

于是就有了光——[1]

在阿西莫夫看来，如马尔蒂瓦克这样的超级计算机将成为未来人类社会不可缺少的人工智慧核心终端。但由于技术发展的速度瓶颈，人类需要花费几百年的时间才有可能将这样巨型设备的体积缩小到便携。而事实上，这样的技术愿景在短短数十年后就已经实现。

英国科幻作家阿瑟·C. 克拉克（Arthur C. Clarke）被誉为当今世界最出色的科普、科幻双栖作家。他的伟大还在于其著作具有很大的预见性。从一定程度上讲，克拉克加快了社会文明的进程。1945年，克拉克在一封关于电离层的信件中提到，一颗24小时环绕地球一周，亦即相对于地面某点静止不动的

---

[1] Asimov I. The last question. CA: Ziggurat Productions，1956.

人造地球卫星，将可以覆盖大约半个地球的通信。如果用 3 颗这样的卫星间隔 120° 排列，就可以实现电视和微波的全球覆盖。数月后，他将这个想法写成了一篇题为《地外中继：卫星可以实现全球无线电覆盖吗？》[1]的论文，发表在了《无线电世界》1945 年 10 月刊上。在这篇论文里，克拉克计算出，一颗距离地面 36 000 千米的卫星，环绕地球运行的时间恰好是一天，也就是说，这颗卫星相对地面某一点是静止的。这种卫星运行的轨道后来被人们称为地球静止卫星轨道，即倾角为零的地球同步轨道。在 1945 年，人类尚未进入航天时代，克拉克的设想看起来颇为超前。但仅仅 20 年以后，卫星通信和电视转播就已被广泛使用。而在卫星导航技术出现之后，一部分导航卫星也需要位于地球静止卫星轨道，方可让系统组网来提供导航服务。为了纪念克拉克对这条轨道的预言，国际天文学联合会将它命名为"克拉克轨道"。1968 年，克拉克在其科幻经典作品《2001：太空奥德赛》中创造了人工智能 HAL。这部电影激发了下一代工程师投入人工智能（AI）的研究中。而克拉克早在 1961 年就发表了极富预见性的短篇小说《拨往"弗兰克斯坦"的 F 键》（*Dial F for Frankenstein*），他在其中预言：联系越发紧密的电话网络将像新生儿一样自发行动，控制金融、交通和军事系统，引发全球性大骚乱。该小说激励了蒂姆·伯纳斯·李创造出互联网。[2]

"关于人脑中有一百五十亿个神经元，你说得对。"威廉姆斯镇定地继续说道，"真正的重点也就在此。一百五十亿听起来是一个庞大的数字，实则不然。大约在六十年代，全世界的电话交换系统中的独立开关就已经不止那个数目了，现如今它们的数量近似于那个时候的五倍。"

"我明白了，"雷纳缓缓地说，"就是从昨天起，它们可以全面地相互结合在一起，因为中继卫星投入使用了。"

"一点儿没错。"

"我问得明白一些吧，"史密斯说，"你是否想表明整个世界的电话系统现在

---

1 Clarke A. C.Extra-terrestrial relays: Can rocket stations give world-wide radio coverage?. Progress in Astronautics and Rocketry, Elsevier, 1966（19）: 3-6.
2 阿瑟·C. 克拉克：《科幻变成事实》，http://www.independent.co.uk/news/science/arthur-c-clarke-science-fiction-turns-to-fact-799519.html，2008-03-23。

变成了一个巨大的大脑？"

"将它拟人化的说法是不成熟的，我更喜欢用'临界状态'来衡量这个系统。"威廉姆斯伸出手，半握着拳头。

"那些系统是怎么连接到一起的？"

"像这些天来的所有系统一样，"安德鲁斯说，"它们全都属于同一个网络，全世界的计算机都能互相交谈——这一点支持了你的看法，约翰。假如有真正的麻烦出现，我认为银行系统应该是最早的受害者之一，当然，还包括电话系统。"

"没有人回答我在吉姆进来之前提出的问题，"雷纳抱怨道，"这个超级意识究竟要做什么？它对我们是友好、敌对的，还是漠不关心的？它知道我们的存在吗？"[1]

20 世纪 80 年代以后，关于虚拟现实的文学叙事发生了重要的转向，抛弃了对于科学技术发展线性的历史叙事，替代以更多的反思。从早期乌托邦式的描绘转变为将其视为异化人本身的"他者"。赛博朋克运动（cyber-punk）则是这一现象的产物。赛博朋克又称数字朋克，是科幻文学的一个分支。以计算机或信息技术为主题，小说中通常有社会秩序受破坏的情节。赛博朋克文学的情节通常围绕黑客及未来大型企业之间的矛盾而展开，背景设在不远的将来。一个被技术垄断企业所控制的"反乌托邦"地球，被认为是 20 世纪中叶大部分人所设想的乌托邦未来的对立面，有着强烈的悲观主义色彩。然而在赛博朋克中，作者展示出国家的公司王国（corporatocracy）的丑恶弱点，以及对现实不抱幻想的人对强权发起的无休止抗争。

威廉·吉布森（William Gibson）的《神经漫游者》是赛博朋克的佼佼者。"赛博空间"一词就是由他在该小说中创造的。在吉布森写这本小说的时候，互联网处于初期，但已经有许多人开始沉迷于计算机游戏的虚拟世界之中，吉布森敏锐地觉察到这个沉迷现象可能对社会造成潜在的负面影响。他创造性地发明了"赛博空间"（cyberspace）一词，来描述未来计算机所形

---

[1] 摘自克拉克的短篇小说《拨往"弗兰克斯坦"的 F 键》（*Dial F for Frankenstein*）。

成的虚拟网络世界。1948年美籍奥地利数学家维纳（Wiener）首创了"控制论"（cybernetics），该词源自希腊语Kubernetes，原意是指舵手（rudder、steersman）、领航者（pilot）、管理者（governor）等。在吉布森的代表作《神经漫游者》中，他以反乌托邦的批判手段设定了一个名叫凯斯的主角。凯斯原本可以通过神经系统的接入而穿梭在虚拟和现实的两重世界中，但后由于神经系统受到损伤而永远无法再次步入虚拟空间中。对于他来说，真实的世界和躯体反而成为束缚他心灵和自由的牢笼，而赛博空间上那个虚拟的世界却是他所向往的真正归属。此外，在该书中，吉布森也第一次用"矩阵"（Matrix）来指代网络虚拟空间。在他的另外一部代表作《数零》（*Count Zero*）中，吉布森将虚拟和现实物理世界的界限进一步模糊。由于全新的虚拟技术，主人公可以轻易地穿越不同的地理位置而没有察觉其真假。真实的物理环境也不再是所谓的自然环境，而是经过信息加工后的人工环境与再造出来的现实。虚拟世界比真实世界还要更加引人入胜。

尼尔·斯蒂芬森（Neal Stephenson）继承了吉布森对于互联网虚拟现实世界的构想，他用"Metaverse"（译作虚拟世界）一词来描述未来的赛博空间。在其1992年的畅销科幻小说《雪崩》中，他描绘了这样一幅后现代虚拟社会的图景：不同地域的人们通过无处不在的互联网，以虚拟化身（avatar）的形式沉浸在虚拟的空间中，相互交往。

电脑中的电子镜面让这束光在阿弘的目镜上来回扫描，很像电视机中的电子束扫过显像管的内壁。由此形成的图像就悬在阿弘的双眼和他所看到的现实世界之间。

只要在人的两只眼睛前方各自绘出一幅稍有不同的图像，就能营造出三维效果。再将这幅立体图像以每秒七十二次的速率进行切换，它便活动起来。当这幅三维动态图像以两千乘两千的像素分辨率呈现出来时，它已经如同肉眼所能识别的任何画面一样清晰。而一旦小小的耳机中传出立体声数字音响，一连串活动的三维画面就拥有了完美的逼真配音。

所以说，阿弘并非真正身处此地。实际上，他在一个由电脑生成的世界里：电脑将这片天地描绘在他的目镜上，将声音送入他的耳机中。用行话讲，这个虚构的空间叫作"元宇宙"[1]（metaverse）。阿弘在元宇宙里消磨了许多时光，让他可以把"随你存"（注：此系小说中人物住所名称）中所有的烦心事统统忘掉。

现在，阿弘正朝"大街"走去。那是元宇宙的百老汇，元宇宙的香榭丽舍大道。它是一条灯火辉煌的主干道，反射在阿弘的目镜中，能够被眼睛看到，能够被缩小、被倒转。它并不真正存在；但此时，那里正有数百万人在街上往来穿行。[2]

而在电视和电影屏幕上，虚拟现实题材或相关的作品更是层出不穷。20世纪80年代，英美电视节目中的著名虚拟人物马克斯·汉昂（Max Headroom）则将这一类型的作品推向新的高度。马克斯·汉昂是一个完全存在互动性电视网络中的、由计算机生成的虚拟人物，他由"下载"到虚拟世界的真人意识所控制。《星际迷航：企业号》中的"Holodeck技术"描绘了通过全息技术置身于远程的异度空间的情景。有意思的是，这样的技术如今已经几乎成为现实。思科的网真系统使身处异地的参与者们可以有共处一室的感受，并且可以以自然的方式彼此交互；谷歌（Google）在2009年美国旧金山举行的Google I/O大会上，就展示了名为Google Holodeck的Street View体验室。而里程碑式的作品《黑客帝国》三部曲中更是充满了鲍德里亚哲学观点的符号，重点讨论了机器与人类之间的不和谐关系、高度仿真与虚无之间的关系。从而引申出在科技日益发展的今天，如何实现科技以人为本的思想，克服科技的异化带给人类的危机。齐泽克在《〈黑客帝国〉或颠倒的两面》中认为：

感受《黑客帝国》对智力的挑战相当容易：它不正是一部具有罗夏心理测验效应的电影吗？罗夏墨渍测验开创了普及化的认知测试方法。就像那幅众所周知的上帝像，不管你从什么地方看，他好像总在直视着你——实际上它从每一个角度都为自己提供了辨认的可能性。因此我的拉康迷朋友对我说，影片的编剧肯定读过拉康的著作；法兰克福学派的学者则一定会把"矩阵"看作文化工业的

---

1 元宇宙最初曾被翻译为"超元域"。
2 Stephenson N. Snow crash: A novel. New York: Spectra, 2003.

化身，认为作为异化具体象征的社会财富（资本），径自接管和殖民了我们的内心生活，把我们当作它能量的来源；而生活在 21 世纪的年轻人则从中看到，我们生活的世界不过是一个海市蜃楼，它是由在国际宽带网中具体化了的全球化思维建构的。这个问题回到了柏拉图的理想国，《黑客帝国》不正重复了柏拉图的洞穴寓言——普通人成为囚徒，被紧紧捆绑在座位上，强迫观看所谓现实的诡异影像（他们错误地认为这是现实）。当然，《黑客帝国》和它重要的区别在于，当其中某些人从他们的洞穴困局里逃出后，他们看见的不再是由阳光照射的明媚空间，至高至善的美，而是"真实的荒漠"。在法兰克福学派和拉康主义者之间，关键的异议在这里：我们应该把"矩阵"定义为将文化和思维殖民的资本的历史性隐喻呢，还是象征序列本身的具体化？但是，如果后者也是错误的，那么象征序列"本身"的虚拟角色是否也是历史性的非常状态呢？[1]

大众媒体在新技术的创新扩散中起到了不可或缺的作用。大众媒体一方面可以有效地传播信息，减少不确定性，促进创新采纳进程，提高扩散效果；另一方面也为创新扩散中技术的演化和改良提供了重要的反馈渠道。在虚拟现实技术的发展和扩散过程中，大众媒体的功能可以概括为三个方面：认知、推演和提问。

（1）认知功能。根据约翰·霍普金斯大学 Thomas Valente 的研究，从 1988 年开始，"虚拟现实"成为美国媒体报道中的一个热门词汇，迅速获得美国民众的高度认知（awareness）。[2] 从图 3.1、图 3.2 中可以看出：一方面，"虚拟现实"在美国主流报纸、杂志中的出现频率在 1988 年到 1993 年大幅度上升；另一方面，早期由军方使用的描述这一技术的概念"仿真"（simulation）在同期的报道中词频下降，并在报纸报道中被"虚拟现实"的概念所取代。这也从另一个角度印证了技术从军用到民用的过程中话语的变迁。

（2）推演功能。吉布森的《神经漫游者》将抽象的和未见的科学前景变得触手可及，是人类认知路线图的可视化呈现。虚拟现实题材的文学性叙事在其

---

[1] Žižek S.The matrix, or, the two sides of perversion. In：Weiss J, Nolan J, et al., ed. The International Handbook of Virtual Learning Environments.Dordrecht：Springer, 2006.1549-1569.

[2] Valente T. Virtual Diffusion or an Uncertain Reality. In：Biocca F, Levy MR, ed. Communication in the age of virtual reality. London：Routledge, 2013.

技术的社会建构中同样有着重要的作用。文学性叙事和相关探讨可以超越同时代的技术实现可能性，在满足大众好奇、幻想和逃避等心理需求的同时，也是对该技术未来前景所进行的情景推演，将大众的期待与忧惧以文学性的叙事表达出来，并如 Heim 所言，"制造出我们可以坐在一起观赏的共同幻想的空间"[1]。

（3）提问功能。除想象与启迪，科幻作品还有提问与预想的功能。麦克卢汉认为，科技可满足需求、解决困难，但因引发思维模式与价值系统的改变，也会因此颠覆性地带来更多的问题与心理压力。他指出，人类文化史显示，艺术家在科技引发冲击前数十年就已察觉相关挑战，尽管可能被指为不切实际，艺术家依然预先思考社会将会有何改变，而我们又该如何回应。科幻小说家哈里森（Harry Harrison）指出科幻的本质是在描绘科学给予人类社会的冲击。我们可借此思考，有哪些现况会强化或改变？哪些问题会产生？人将如何自处并与他人共存？科技与人类的关系、人类或世界的本质究竟是什么？

就虚拟现实而言，电影描绘居住于虚拟世界的可能状况，并提供共同探讨未来的机会，例如《未来终结者》就呈现出不少值得反思的议题。虚拟现实已是获得计算机、传播、设计、娱乐等全球各部门显著资金投入与研发投入的科技产业，其核心概念对当代有着显著影响，在流行作品中所展现出的对虚拟现实的期待与忧惧，或可对此种科技的未来走向有所启发，并借此思考人类与科技、虚拟与现实的关系等重要议题。

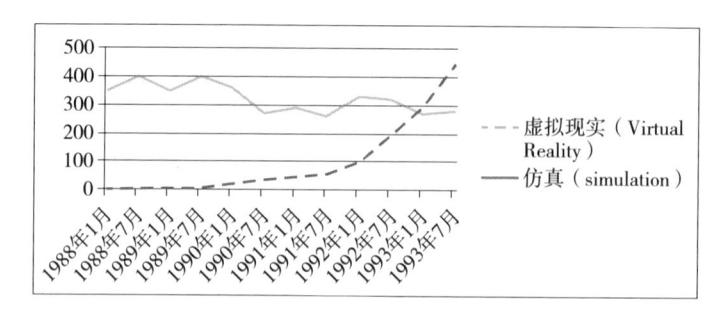

图3.1　1988年1月至1993年7月
全美国96家日报关于虚拟现实、仿真的相关报道数量[2]

1　Heim M. Virtual Realism. New York: Oxford University Press, 1998.
2　Valente T. Virtual Diffusion or an Uncertain Reality. In: Biocca F, Levy MR, ed. Communication in the age of virtual reality. London: Routledge, 2013.

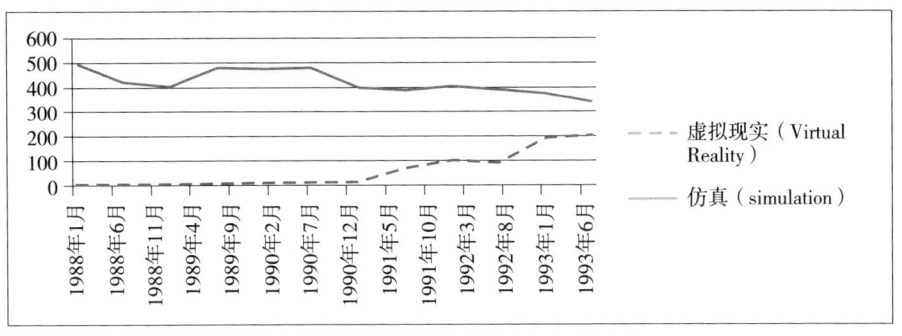

图 3.2　1988 年 1 月至 1993 年 6 月
全美国 176 家新闻杂志中关于虚拟现实/仿真的相关报道数量[1]

第二节　虚拟化生存：数字化启蒙中虚拟现实议题

尼葛洛庞帝在1995年出版的《数字化生存》是中国数字化过程中的第一本启蒙性读物，也是世界范围内重要的数字技术科普性读物。胡泳教授认为"恰好在中国需要互联网启蒙的时候出现了这本书，这种历史的转折点不是轻易会有的"。而在此书中，尼葛洛庞帝专门用了一章篇幅探讨"虚拟现实"的技术前景。

尼葛洛庞帝认为"Virtual Reality"这个概念的提出不仅是最佳"矛盾修饰"（oxymoron），还可视作戏剧化的隐喻。[2] 看似矛盾的词"虚拟"（virtual）和"现实"（reality）组合在一起，就有了相生相伴的关系，可以顺理成章地理解为：现实可以被虚拟复刻出来，而虚拟也同样可以像现实一样逼真。至此，关于这一技术的概念化论述从"仿真"（simulation）概念出发，正式形成了"虚拟现实"的共识。而"虚拟现实"这个极具媒体隐喻式概念的提出，也对该项技术的公众认知和扩散起到了极大的推动作用。

作为一个技术乌托邦主义者，尼葛洛庞帝首先梳理的是虚拟现实技术如何让人们感到真实的途径。即虚拟现实与人类感官的同步问题。他指出人类对空间真实性的感知来源于我们的视觉线索，其中最强烈的线索来自双眼透视。

1　Valente T.Virtual Diffusion or an Uncertain Reality .In：Biocca F，Levy MR，ed. Communication in the age of virtual reality. London：Routledge，2013.
2　[美]尼古拉斯·尼葛洛庞帝：《数字化生存》，胡泳译，145 页，海口，海南出版社，1996。

而随着人视点变化而产生的立体化视觉，是让人感到"身临其境"（being there）的基础。其中两个重要因素对身临其境的程度构成了影响——图像质量和响应时间。鉴于当时的计算机水平限制，会出现因画面分辨率不足、移动时的锯齿状图形而产生的虚假感，或者因硬件响应速度不足，造成人们移动视线但图像并未移动等问题。尼葛洛庞帝指出，虚拟现实的发展只有在解决分辨率和硬件速度这两个重要因素之后，上面产生的问题才能会有所突破。即便是现在看来，虚拟现实技术仍未彻底解决这两个问题。如中国电子技术标准化研究院于 2016 年发布的《虚拟现实产业发展白皮书》就指出："烦琐的三维技术建模有待突破。"[1]

虚拟现实对于传统媒介的另外一个颠覆性变化，在于它对媒介叙事思路的挑战。尼葛洛庞帝以约翰·麦可·克莱顿（John Michael Crichton）构建在虚拟现实中的侏罗纪公园探险游戏为例，他认为相比起电影和书中的侏罗纪公园，这个虚拟现实产品并没有一条叙事的主线，即观看这个虚拟现实产品时，不用像传统媒介那样，按照固定的时间顺序进行浏览，取而代之的是观众可以自主选择和探索。这一颠覆性变化时至今日依然挑战着传统媒介的表达准则。在现今的虚拟现实影视拍摄中，除了时间顺序外，其他的叙事手法所产生的问题也逐渐体现出来，诸如蒙太奇手法的传统镜头组接和视线组接理论已经不再适用，以人眼视线为基础的镜头调度也让主观和客观镜头的区别越来越弱化。想要拍摄一部虚拟现实环境下的电影，导演们必须认真考虑尼葛洛庞帝在 20 年前探索的这一问题。

在哲学层次上关于虚拟现实的思考也在这本著作中被作者提及。尼葛洛庞帝用"会说话的头"这个例子向人们展示了虚拟现实中存在论的问题。在 20 世纪的美国，为了维护国家元首们的安全，高级研究计划署开展了一项虚拟现实电信会议的研究。其主要目的是将国家元首们分散在各地，在保证他们人身安全的情况下让他们进行电信会议，但在这个电信会议上，他们的虚拟像必须足够逼真，让与会者都会相信彼此坐在一起。尼葛洛庞帝亲自参与了项目的一部分并且相信，随着技术的不断发展，呈现介质可以突破现有的边界。这种构建

---

[1] 中国电子技术标准化研究院：《虚拟现实产业发展白皮书》，2016。

的影像就可以逼真到以假乱真的地步，从而真正做到让与会者身处异地而各不自知。然而正如《数字化生存》中美国军事将领所担心的一样：

> 一位海军上将告诉我，这些"会说话的头"让他晚上噩梦连连。他宁可接到总统亲自发出的电报，黄纸上全部用大写字母组成的"Fire"（开火），也不愿在航空母舰的舰桥上，看到总司令摆来摆去的头。他的反应很奇怪，因为他顽固地认为，他怎么知道他所看到的形象和听到的声音就是总统本人的（而不是冒牌货）？[1]

现今对这方面的争论仍然存在，支持这项技术的人认为这种功能对特殊情况甚至人们的生活大有裨益，而反对者则认为这项技术在挑战人类的认知体系和社会伦理道德底线。不过尼葛洛庞帝在书中也强调，在未来的千年之内，如何把人进行信息分解、传输和组合仍然会是难以解决的问题。即关于虚拟现实的存在论问题在当下并不具备紧迫性。

尼葛洛庞帝认为，虚拟现实技术在人们现实生活中的作用非常显著，甚至很多时候虚拟现实技术对人类的功用要比现实还要强大。比如飞行训练模拟器这些基于虚拟现实技术的产品，相比起真实的飞行训练，可以有效避免现实中的不必要损失。而且因为系统可以对不同环境进行仿真，单位时间内的训练种类比真实飞行训练要多，其训练效率也会相对提升。同样，这一点也体现在虚拟现实游戏《侏罗纪公园》中，这个虚拟的侏罗纪公园更加刺激却也更加安全，同时还能在一定程度上不受时间和空间的限制。这种娱乐化的虚拟现实构思，我们可以在现在很多款 VR 游戏中看到，比如在《生化危机 7》中，游戏者就可以足不出户地游走在那个虚构的空间中，很好地体验与病毒感染者搏杀的场景，在享受那种感官刺激的同时又不用担心自己的生命安全。当然想要有更好的娱乐体验，就必须让视觉的感觉还原更加真实，也就是必须解决之前所述的两个问题——分辨率和硬件响应速度。

---

1 [美] 尼古拉斯·尼葛洛庞帝：《数字化生存》，胡泳译，145 页，海口，海南出版社，1996。

第三节　从军工到游戏：虚拟现实技术的创新与扩散

二战后，美苏虽然没有真正爆发大规模的军事冲突，但两大集团都在加紧相应军事科技的研发。虚拟现实技术的大发展正是基于这一特殊时期的硬性军事科技需求。美国国防部甚至将建模与仿真列为重要国防关键技术加以扶持。[1] 伊凡·苏泽兰曾在美国国防部高等研究计划署工作，而这个单位恰恰是为美国的军事国防事业服务的。无论是他发表的相应研究成果，还是第一台 VR 设备雏形，都离不开美国国防部的支持。除此之外，无论是 Foley 提出的虚拟现实三要素理论，还是后来发展起来的交互式计算机图形软件、数据手套、交互式接口技术等虚拟现实的软硬件，也都是在美国国防部和美国宇航局组织下产出的成果。

1991 年苏联解体，在冷战格局被打破后，美国为了保持其超级大国地位，在军事科技的研发上丝毫没有放松。在军事需求的推动下，虚拟现实在该领域产生了虚拟现实军事地图和虚拟军事推演系统等相应的新型技术应用。例如美国陆军所应用的 CAVE 自动虚拟实验室（见图 3.3）。应用案例如 1995 年美国在对南联盟的轰炸前，就将要进行军事行动地区的各种信息汇总成了虚拟现实军事地图，然后进行有针对性的军事预演。值得注意的是，冷战后期因为军事压力的减弱，军事技术研发的拨款逐渐减少，这在一定程度上倒逼为军事作用而开发的虚拟现实产品向平民化、商用化或者军民两用化方向发展。这虽然不是军事对虚拟现实发展的直接作用，却从客观意义上促进了虚拟现实技术应用范围的下探，使其应用方面更加多样化。

保罗·莱文森（Paul Levinson）在谈及媒介新技术和流行文化之间的关系时认为，任何一项新的媒体技术形态从创新到扩散，再到式微都会经历三个阶段，他将这三个阶段类比为"玩具"（Toy）、"镜像"（Mirror）以及"艺术"（Art）。[2] 而在创新扩散之初，许多在日后有着重大且深刻社会意义的媒体技术却被当作新奇的小玩意儿（novelty），从电话到收音机再到电视机，这样的例子不

1　梁炳成、王恒霖、郑燕红：《军用仿真技术的发展动向和展望》，载《系统仿真学报》，2001，13（1）：18-21 页。

2　Levinson P. Soft Edge: Nat Hist&Future Info. London: Routledge, 2005.

图 3.3 美军的 CAVE 系统，具有视觉、地形和 3D 内容，曲面显示器中显示的是索马里地形[1]

胜枚举。随着媒介技术的成熟以及扩散，其所营造的虚拟空间逐步成为现实世界的内容投射，莱文森把这个阶段称为镜像阶段。随着附着在特定媒介上的语境和内容文本不断地扩充与丰富，最终发展出艺术形态。

相比于军事科技对虚拟现实技术需求的急迫性，游戏产业对虚拟现实技术的创新与扩散作用是毋庸置疑的。在传统游戏中，画质的不断增强，游戏视角的不断改善能让玩家增加视觉上的真实感，而固定的游戏视角已经不能满足游戏玩家对虚拟真实的需求。正如尼葛洛庞帝所预言的那样，在个人电脑上的游戏蚕食了游戏商研发的封闭系统（如 PS 系列游戏机）本来所占有的市场，而特殊用途硬件的施展空间则是虚拟现实。游戏公司一直都试图开发能让玩家真正身临其境的游戏。早在 1987 年，任天堂就推出了一款名为 Famicom 3D System 的眼镜，运用了高速切换左右眼画面的技术。后来任天堂在此基础上又开发了名为 Virtual Boy 的产品，但这些同时代的设备最终都因为价格昂贵和体验水平较差而反响平平（见图 3.4）。近两年，HTC 和 SONY 等公司继承了前人在这个

---

[1] 参见 U.S. NAVY COMBINED ARMS VIRTUAL ENVIRONMENT（CAVE），https：//www.mvrsimulation.com/casestudies/jtac-CAVE.html.

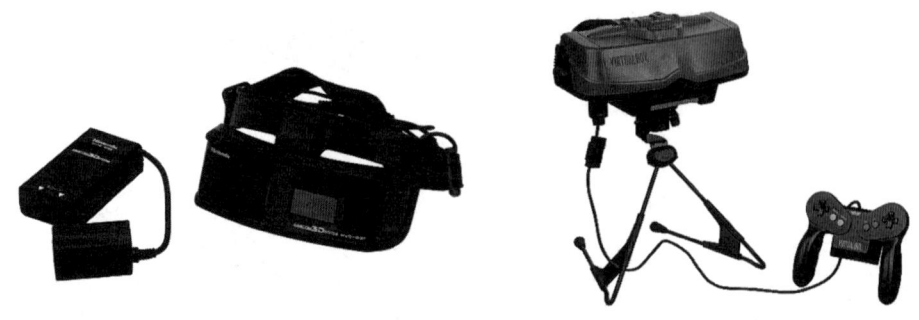

图 3.4　早期的虚拟现实游戏系统
左侧为任天堂 Famicom 3D 系统，右侧为任天堂 Virtual Boy 系统

方向的努力，推出了相应的硬件设备和游戏产品。虽然目前这些虚拟现实游戏产品软硬件依然存在很多短板，尤其在游戏软件的开发方面依然存在着建模粗糙、人机间互动真实性差等问题，但其给玩家感官上的"沉浸式"游戏体验是前所未有的。相信随着建模技术的不断发展，VR 游戏视觉上的体验会更加逼真。同时，人工智能的不断进步也会让人机间的互动更加通畅。

　　在新的媒介技术形态出现之初，人们所理解的往往从其技术特征先导的感官体验过程出发，而非体验的内容。因此，这个阶段新媒体技术所传递的重要内容就是媒介形态本身而非特定内容。换言之，媒介形态本身就是最重要的内容。伴随人们对技术本身开始习以为常，技术的特征逐渐在媒介语境中被隐去，直到这项技术日渐式微，逐渐走向被取代的时候，它的技术特征才会再次被提及（通常是从相反的方向）。概括地说，媒介技术特征在语境中的可见度与该技术在总体社会中的被使用程度成负相关关系。保罗·莱文森对此做了一个很形象的比喻：如同电风扇一样，只有在开始使用之初和即将停用的时候，风扇转速比较慢，此时用户才能清楚地看到扇片。

第四节　互动性文本、受众与虚拟环境

　　《侏罗纪公园》游戏可以让你体验到虚拟现实的惊人效果。但是和同名电影或书不同的是，在虚拟现实的侏罗纪公园里，并没有一条故事的主线。在这里，

迈克尔·克莱顿的任务就像舞台设计师或游乐场设计师一样，赋予每只恐龙不同的外貌、个性、行动和目的，模拟的恐龙动起来之后，你走入它们中间。这不是电视，也不必跟一尘不染的迪斯尼乐园一样。这里没有拥挤的人群，没有长长的队伍，也没有爆米花的香味，有的只是恐龙的粪便。你就好像走入了史前的丛林中，而且这里可以显得比任何真正的丛林都更加危险。

未来的大人和孩子都可以用这种方式自娱。由于这些幻象全部经由电脑处理而产生，并非真实的情境，因此也就无须受实物大小或发生地点的限制。在虚拟现实中你可以张开双臂，拥抱银河，在人类的血液中游泳，或造访仙境中的爱丽丝。[1]

互动性文本恰恰是新媒体研究和电子文化研究的一个重要特征。传统上，文本如果可以被直接解释或者改变，该文本被认为是具有互动性的。读者被看作是文本所附着的媒体的使用者，而不是传统电影、电视等媒体的"受众"。因此，研究游戏文本内容的交互性，不能仅仅去观察其文本的属性，还要将重点放在参与者和游戏虚拟环境体验中。游戏虚拟环境中的"文本"，其概念可以转变为指代人与人、人与虚拟环境的复杂互动。

Katie Salen 和 Eric Zimmerman 将虚拟现实环境的设计形容为"第二秩序"（second-order design）。他们指出，作为游戏虚拟环境的设计者，你无法直接设计交互的内容，而只能设计出交互的规则[2]。如果从环境设计和用户生成内容的开放性来看，可以将不同种类的在线虚拟现实环境放在一个统一的尺度上去观察。根据虚拟环境设计对用户的开放性，可将游戏与受众的关系进行分类。

固定虚拟世界（fixed synthetic world）更多时候被视为传统意义上的网络游戏，在这样类型的虚拟环境中，设计者对虚拟环境、叙事、机制和规则以及地理和建筑设计有绝对的控制权。通常，这种类型的虚拟环境有强烈的主题，包含着许多次线索的故事主线，包含着许多小目标的总体目标设定，虚拟化身的设计主要是由游戏设计者主导，因而给参与者留下了相对较少的选择空间和表达可能。在极端情况下，这样的虚拟环境不允许用户进行任何形式的修改，大

---

1 [美]尼古拉斯·尼葛洛庞帝：《数字化生存》，胡泳译，142页，海口，海南出版社，1996。
2 Tekinbas K S, Zimmerman E. Rules of play: Game design fundamentals. Cambridge: MIT Press, 2004.

多数只允许以提高用户体验为目的的有限修改，并且不对整体环境产生任何影响。

在这个开放性的尺度另一端是共创型开放虚拟现实环境（open synthetic world）。在这样的环境中，用户可以拥有极大的自由度去进行内容创作，同时也不局限于某一种固定的叙事脚本。在这样的虚拟环境中，用户的行为可以归纳为"生产性的玩乐"（productive play）。它包含着对用户虚拟化身和总体环境的个性化创造，以及在 Web 2.0 网络中用户生成内容的共性。在极端情况下，所有虚拟环境中的对象和活动都由用户完成。尽管也有某个统一的审美防线或环境隐喻，这样的虚拟现实环境本身并没有某个特定的主题和故事线索。在共创型开放虚拟现实环境中，用户可以建造他们自己的虚拟空间和虚拟物品，对虚拟替身的形象设计也有很大的自我表达空间。

1991 年一款基于 MUD 的游戏《LambdaMOO》面世，这款游戏引起了学者们对游戏虚拟社区的社会问题的思考，这款游戏试图建立一种民主政府结构，该结构只能由玩家运行，而不受现实世界的行政影响。而曾经的现象级网络多人在线虚拟现实社区《第二人生》则采取开放平台 Web 2.0 的方式，允许用户创造、售卖虚拟物品（包括虚拟土地、建筑、服饰等），通过粗略的学习，普通用户就可以使用门槛较低的编程语言，借助《第二人生》的客户端在虚拟世界中进行三维模型的搭建。《第二人生》在服务条款中（Terms of service）具体说明使用者对其所创造的虚拟物品拥有知识产权。因此，《第二人生》中的用户不仅是虚拟对象的消费者，也是生产者。对使用者生产内容采取开放的态度，可以极大激发用户的参与度和创造力，并且围绕用户生成的虚拟物品版权交易形成了虚拟经济体系，乃至虚拟政治社区等。

第五节 有无之间：存在论的哲学反思

伴随着虚拟现实概念和设备发展的，还有虚拟现实中的哲学与伦理的思辨。如果我们回到本源看人类追求虚拟现实技术的动力，就是人们在寻求感觉上对还原现实的执着。随着技术的不断进步，这种感觉上的还原愈趋真实，虚拟的世界可以根据自己的想法进行设定。体验者的精神状态会不会在一定程度上受到改变？这种"沉浸式"体验会不会变成"沉溺式"的体验？众所周知，电子游戏之所以会让人上瘾是因为它与现实世界中进行的游戏不同，它在现实世界之外构建了一个虚拟的社会空间，而这个虚拟空间能满足玩家在现实世界中无法满足的精神需求。电子游戏对于游戏者的影响在社会学和心理学上有着激烈的讨论。就算我们在一定程度上认同简麦戈尼格尔对于游戏的乐观看法，认为"游戏可以帮助我们更享受现实生活，而不是急着要逃避生活""可以提升人的幸福""可以构建和谐社会。"[1] 但如果虚拟现实电子游戏——这种本来就容易让人上瘾的事物辅以虚拟现实技术给予沉浸式的体验，会不会让玩家从心理上彻底抵触现实世界，或者干脆导致玩家在意识中混淆虚拟环境和真实世界？

如果虚拟现实技术真做到了能将世界上每个人都置于一个巨大而逼真的虚拟体系下，那么像《黑客帝国》中主人公沉浸在虚拟世界而不自知的情况就真的会到来了。就算我们未来依然有相应的判断体系来进行"虚拟"与"真实"之间的判断，同样有一些社会问题不容忽视。在《网络空间独立宣言》中，约翰巴洛描述了互联网空间同真实世界抗争的方方面面，如社会中行之有效的法律和政府与虚拟空间中社会自由的冲突。[2] 那么未来实现互联的虚拟现实世界，从哲学角度而言，到底是物质的还是意识的？会不会也会和现实社会一样产生诸多冲突？

翟振明教授在20世纪90年代成书的《有无之间——虚拟实在的哲学探险》中对此给予了尝试性的哲学探索。他认为虚拟现实技术会颠覆哲学意义上的存在论（being）。他认为，虚拟现实技术的出现，使得人类和技术的关系发生了本质性的转变："工具"的感觉消失了，使得人类可以第一次能够在本体上直接重构自己的存在。他认为：（1）在虚拟现实和物理真实之间，不存在本体论层面的差别；（2）作为虚拟现实世界的创造者，人类第一次过上了系统性的、由纯粹的意义建构起来（meaningful）的生活。[3] 翟教授以思想实验的形式，试图通

---

[1] [美]简·麦戈尼格尔：《游戏改变世界》，闾佳译，13页，杭州，浙江人民出版社，2012。
[2] Barlow J P. A Declaration of the Independence of Cyberspace.1996.
Barlow J P. A Declaration of the Independence of Cyberspace. Duke Law & Technology Review，2019，18（1）：5-7.
[3] 翟振明：《有无之间：虚拟实在的哲学探险》，北京，北京大学出版社，2007。

过论证虚拟实在与自然实在的本体论对等性,得出了三条反射对等律:(1)任何我们用来试图证明自然实在的物质性的理由,用来证明虚拟实在的物质性,具有同样的有效性或无效性;(2)任何我们用来试图证明虚拟实在中感知到的物体为虚幻的理由,用到自然实在中的物体上,照样成立或不成立;(3)任何在自然物理世界中我们为了生存和发展需要完成的任务,在虚拟实在世界中我们照样能够完成。从而试图驳倒哲学本体论意义上的实在论,得出实在论最终走向全面崩溃的结论。对此观点,亦有学者反驳认为虚拟现实尽管可以仿真人类部分感官,但永远是人造的技术实在,而无法取代自然实在。[1]

---

[1] 郭贵春、成素梅:《虚拟实在真的会导致实在论的崩溃吗?——与翟振明商榷》,载《哲学动态》,2005(4):15-19页。

第四章　虚拟空间生产和数字地域能供性

第一节　互联网的空间隐喻和物质性想象

　　自互联网诞生伊始，在对物质和非物质、比特和原子的二元对立想象中，信息社会中非物质信息替代物质的倾向似乎愈加明显。[1]但关于空间和物质性的隐喻一直伴随着人们对互联网物质性的认知和想象。麦克卢汉曾于1967年在《理解媒介：人的延伸》一书中首次提出了"地球村"（global village）的概念，此后该概念成为由互联网等全球性媒体所构成的信息社会的隐喻。1984年，威廉·吉布森在《神经漫游者》中创造性地发明了"赛博空间"（cyberspace）一词，并第一次用"矩阵"（Matrix）来指代网络虚拟空间。1985年，微软初代的人机交互界面采用了"视窗""桌面""文件夹"等空间可视化策略。1990年代开始，人们将蒂姆·伯纳斯-李发明的用来作为万维网地址的统一资源定位符（Uniform Resource Locator）指代"网站"（Website）。1992年，美国克林顿政府提出建设信息高速公路（information superhighway），后成为美国政府的建设计划，其名称被规范为"国家信息基础设施"。

　　尼尔·斯蒂芬森继承了吉布森对于互联网空间隐喻的构想，在其1992年的赛博朋克小说《雪崩》中，他第一次提出了"元宇宙"概念，他用"元宇宙"

---

[1] 章戈浩、张磊：《物是人非与睹物思人：媒体与文化分析的物质性转向》，载《全球传媒学刊》，2019（2）：103-115页。

一词来描述未来赛博空间世界的社会图景：在不同地域的人们通过无处不在的互联网，以虚拟替身（avatar）的形式沉浸在虚拟空间中进行交往。在计算机技术发展初期，虚拟空间的外观由粗糙的块状图形组成，显得非常简陋，但经过多年发展，2021年扎克伯格宣布将其公司名由"脸书"改为"Meta"，"元宇宙"这个已经存在近30年的概念再次成为业界和学界颇具争议的讨论话题。有学者认为，元宇宙与当今互联网划清了界限，将元宇宙描述为一种独立的存在，可以让人们理解这种变化的巨大程度，进而理解技术革命所带来的颠覆性发展，理解下一波数字技术和互联网浪潮，让人们更积极主动地思考未来，而非被动应对。[1] 一些批评者认为元宇宙是人类文明的一次终极内卷[2]，由克拉克（Arthur Charles Clarke）时代广阔和深远的科幻想象力，变成赛博朋克的狭窄和内向。[3] 也有意见认为，无论是以马斯克为代表的对于"真宇宙"的探索，还是以扎克伯格为代表的对"元宇宙"虚拟空间的建构，虽然路径和方式大相径庭，但均反映了人类对于自我超越性（transcendence）的追求。[4]

在元宇宙，你几乎可以做任何你想象的事情——与朋友和家人聚在一起、工作、学习、玩耍、购物、创作，未来，你将以全息图的形式被瞬间传送到办公室，可以与好友一起参加音乐会，或者与父母在客厅叙旧。设想一下，现今的实体事物有多少在未来可能都只是全息图。电视机、棋盘游戏等等——它们将是由世界各地的创作者设计的全息图，而非在工厂里组装的实物。[5]

从"村"到"宇宙"，数字空间隐喻一直是信息技术社会建构的认知框架。但与Web 1.0和Web 2.0时代的互联网不同的是，在被称为Web 3.0的元宇宙中，空间性不仅仅是网络物质性的隐喻，更是虚拟现实的基础和核心特征。但以身

---

[1] 闫勇:《多国学者审慎关注"元宇宙"发展趋势》，《中国社会科学报》，2021-11-05。
[2] 封面新闻:《元宇宙是在虚拟的世界里进行文明"内卷"》，https://www.thecover.cn/news/8413620，2021-11-26。
[3] 刘慈欣:《克拉克奖致辞》，http://www.clarkefoundation.org/wp-content/uploads/2018/11/Liu-Cixin-Speech.pdf，2018-11-08。
[4] 周逵:《微软收购动视暴雪：元宇宙的空间拓展和话语权竞争》，https://baijiahao.baidu.com/s?id=1722461643509115415&wfr=spider&for=pc，2022-01-20。
[5] 澎湃新闻:《扎克伯格长文阐述元宇宙：费用低廉，十年十亿用户千亿规模》，https://baijiahao.baidu.com/s?id=1714921342663270634&wfr=spider&for=pc，2021-10-29。

体为中心的空间建构，与去身体化的数字存在之间，存在论的矛盾张力并未得到充分阐释。在扎克伯格乌托邦式的元宇宙构想中，元宇宙中充满了人们在现实世界中所熟悉的场景，如办公室、音乐会、客厅、公园、海滩。虚拟化身不会感到冷暖，也不需要睡觉，即使从早站立到晚，他们也不会感到疲惫。那么元宇宙为什么需要虚拟的房屋、座椅和床铺？为什么对于人类肉身具有超越性的元宇宙空间依然需要采用以身体为中心的物理空间建构方式？这样的空间情境又如何影响着网络社会的交往方式？这样的空间建构方式反映了网络平台中资本主义空间生产的何种特性？本章尝试通过从马克·奥吉的"非地域"概念到亨利·列斐弗尔空间理论的爬梳，讨论元宇宙如何正在体现数字经济从"空间内的生产"（production in the space）转向"空间的生产"（production of the space），在这个过程中虚拟化身如何通过社会临场感对虚拟空间的数字能供性进行主观诠释，完成对元宇宙从数字"空间"（space）到数字"地域"（place）的转化，"去身体化"的身体又如何在元宇宙空间中获得全新的自我诠释机会和组织方式。

第二节 "彼处"的空间生产和"此处"的非地域化

在互联网发展早期，关于"空间"的概念或只是对网络形态与技术特征的抽象描述，或只是计算机和网络游戏中由粗糙图形绘制的游戏世界。1972年，美国的雅达利公司推出了模拟两个人打乒乓球的游戏 *Pong*，被认为是世界上第一款家用电子游戏，也开拓了人类在游戏空间的第一块数字领地——二维空间中被像素线分割为左右两侧，通过点线结合的互动进行着最早的电子游戏对抗。随后风靡全球的《太空侵略者》（*Space Invaders*）和《小蜜蜂》（*Galaxian*）也采用了类似的空间可视化策略。而在早期格斗游戏中，游戏设计者考虑到在既有的中央处理器速度与内存条件下，游戏程序如何识别玩家高速摇杆移动，并作出反应，在屏幕上展现出与玩家身体姿态相匹配的游戏角色的姿态，因此游戏地图空间多为"线性"，游戏角色通常是在二维平面，抑或一条轴线上动作，[1]

---

[1] 章戈浩：《数字功夫：格斗游戏的姿态现象学》，载《国际新闻界》，2018（5）：27-39页。

因此数字空间布局多为"卷轴式"。但即便如此，玩家在虚拟空间的行动力已经被大大提升，卷轴式格斗或探险类游戏成为当时电子游戏最受欢迎的类型。

伴随着计算机图形技术、运算能力和网络速度的进步，早期电子游戏中粗糙而抽象的数字空间已经迭代为三维的、可实时交互的网络虚拟现实空间，数字空间的大小也极大地得到了提升（见图4.1）。在开放世界（Open World）类游戏中，地图面积大小更是成为计算机和网络技术发展的重要指标。在《魔兽世界》的地图中，主要活动区域（包括近海）有320平方千米，整个地图超过950平方千米，巅峰时曾经创下全球1 500万人同时在线的纪录；《荒野大镖客》的地图面积达到28平方英里（约72平方千米）；《侠盗猎车手5》（*Grand Theft Auto V*）的虚拟城市洛圣都的面积为98平方英里（约253平方千米，不含水域面积）；而《我的世界》（*Minecraft*）地图面积是地球的7 000倍，大约为3.6兆平方千米，月活人数超过1.2亿，购买量已经突破2亿人次，丹麦地理数据机构甚至在《我的世界》中使用了40亿个方块建造了1∶1的丹麦国家地理模型。从以一个像素点的*Pong*，到像素风的《我的世界》，数字空间从一个4英尺（约1.2米）的木柜起步，到如今远超人类真实地理地图面积的虚拟世界，在短短的半个世纪中，人类通过游戏到元宇宙，实践着虚拟空间的生产和数字疆域的开拓。

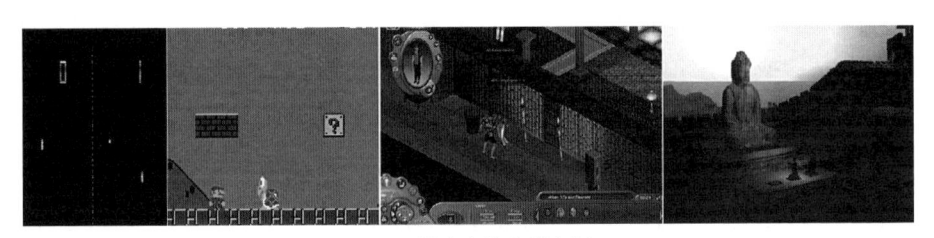

图4.1　游戏中的虚拟空间
（从左到右为：最早的家庭电视游戏*Pong*的左右二元式空间分割、《超级马利奥》的卷轴式二维空间、*Sims Online*的三维街区、《第二人生》中的实时三维空间场景）

从"真宇宙"到"元宇宙"，从马斯克式的公司叙事神话，到扎克伯格的元宇宙迷思，按照亨利·列菲弗尔的观点，两者殊途同归，都体现了从"空间内的生产"转换为"空间的生产"这一转变。在列菲弗尔的思想中，"空间的生产"是一个核心概念，实质是资本主义生产模式维持自身的一种方式，从而为资本主义的生产创造出了更多的空间。从这个意义上说，从游戏到元宇宙，人类对于数字经济的空间生产是赛博社会再生产的基础，因此也是赛博资本主义[1]本身的基础。空间的生产和再生产也是由数字霸权阶层再生产自己霸权的手段。列菲弗尔认为，对于空间的征服和整合已经成为消费主义赖以生存和维系的主要手段。[2]因为空间带有消费主义的特征，所以空间把消费主义关系（如个人主义、商品化等）的形式投射到全部的日常生活中。消费主义的逻辑成为社会运用空间的逻辑，也成为日常生活的逻辑。同样，元宇宙的虚拟数字空间复刻了现实世界的消费主义特征，成为赛博资本主义自我增值的空间投射。

如果追溯到康德哲学，空间（space）是人类文明"先验"（a priori）的知觉形式。按照空间现象学的理解，人类一直都是按照空间逻辑来建构自身认知的。现代性理论大师们从 1980 年代开始关注地理空间与社会结构二者之间的关系（如吉登斯、布尔迪厄等）。在此之间，地理空间多被视为容器，是静止的和非辩证的。20 世纪末期的空间转向（spatial turn）将视野转向到原本认为是固定的一成不变的空间上，从动态的、建构的视角去看待空间。法国哲学家梅洛-庞蒂（Maurece Merleau-Ponty）就将空间分为身体空间、客观空间和知觉空间三种类型。他认为空间是可以变化的，空间是一种秩序——既是一种客观的秩序，也是一种主观的秩序。[3]传统上，地理空间通过认同（identity）、关系（relation）和历史（history）这三种方式维系着文化意义。这三种方式将人际网络、时间线和空间坐标连接在一起，使得空间承载着人们的情感表达，凝聚着人们的记忆。

而约斯·德·穆尔（Jos de Mul）在《赛博空间的奥德赛》中写道：

人类驾驶轮船航行大海发现了地理空间，恰如太空航行和天文学发现了宇

---

1 Dyer-Witheford N. Cyber-Marx：Cycles and circuits of struggle in high-technology capitalism. Champaign：University of Illinois Press，1999. 62-66.
2 Schmid C.Henri Lefebvre's theory of the production of space：Towards a three-dimensional. dialectic.In：Lefebvre H，Goonewardena K，ed.Space，difference，everyday life. London：Routledge，2008. 41-59.
3 Merleau-Ponty M. The world of perception. New York：Routledge，2004.24-36.

宙空间，显微镜发现了原子空间一样。凭借法律、建筑和机构的帮助，我们创造了社会空间。这些空间一旦被发现，它们就反过来建构我们的行动。空间创造了一种由可能的作用和互作用构成的指令系统。赛博空间同样如此，电脑网络遍及世界，其硬件和软件揭示了一种虚拟纬度，既超越又交织于我们的日常生活世界。[1]

从社会科学的空间转向来看，电子媒介本身对于环境具有建构作用。另外，环境本身是一种空间媒介，具有规定性和规范性。梅洛维茨采用戈夫曼的戏剧研究理论，看待社会环境的结构符号与在该环境中人的行为两者之间的关系，认为电子媒介消除了社会活动场域中"前景"与"后台"的差别。他将地域分为"物理性地域"与"社会性地域"两大类，并指出，在电子媒介出现前，人的社会交往基本上只能发生在自身肉体所能及的物理空间中，人的行为逻辑、角色规范也大多基于不同物理空间场域对人的角色设定。而随着电子媒体的出现，"此处"和"彼处"的概念开始模糊。在工业机械时代，人类通过媒介和机器完成了身体在空间范围内的延伸，磨平了空间差异。而在后工业时代，人类正试图在元宇宙中完成延伸的最后一个阶段——意识的延伸。[2] 元宇宙和虚拟现实技术的迷思正暗合这一想象：在一个无空间的地域（spaceless place），参与者通过遥在（telepresence）的方式，以虚拟替身作为虚拟空间中的行为主体进行了跨时空的交互。从这个意义上说，虚拟空间不仅仅是一切虚拟物品的容器，也是所有虚拟化身进行社会互动和事件发生的社会情景。

在"彼处"的虚拟空间生产的同时，"此处"现实空间的"非地域化"成为后现代社会景观的特征。人类学家马克·奥吉认为，随着全球化过程和网络通信技术的发展，在物理空间中出现了许多为了达到标准化、高速度和高效率而把人的直接交往抽离出来的伪公共空间。这样的空间没有身份认同，也缺乏历史存在感，不再是传统上文化生活的中心，只是临时性的地点。在其著作《非地域：超现代性的人类学导论》(*Non-Places*: *Introduction to an Anthropology*

---

1 [荷]穆尔《赛博空间的奥德赛》，麦永雄译，第9页，桂林，广西师范大学出版社，2007年。
2 Meyrowitz J. No sense of place: The impact of electronic media on social behavior. Oxford: Oxford University Press, 1986. 48-62.

of Supermodernity）[1]中，马克·奥吉提出"非地域"（non-Place）的概念，用来描述后现代社会中那些不足以被称为"地域"却又的确存在的地方，如高速公路、机场、酒店、大型超市，并以此描述后现代社会中文化与社会地域的割裂。尽管有批评者认为"非地域"的概念界定过于模糊并不严谨，即使是机场这样的标准化空间，对于匆匆而过的乘客来说可能也是"非地域"的，但对于机场的搬运工等工作人员来说，同样具备传统地域的身份认同、关系和历史三要素。马克·奥吉的论述对于理解后工业时代人与空间的关系依然有着很大的启示。

此后，Bolter和Grusin将"非地域"的概念用于描述互联网，认为互联网和大型购物中心一样，完美地嵌入我们当今生活的交通、通信和经济网络之中。[2]在移动互联网高速发展的今天，人们可以随时随地通过媒介的使用，将自己和他人隔绝开。他们的身体在实体空间中，而他们的注意力（或说精神）已经完全到了一个处于"彼处"的元宇宙中。Kenneth Gergen将这种形式的存在称为"不在的存在"（absent presence）。[3]随着媒介技术的发展，造成意识转移或意识分散的空间（diverted/divided consciousness）越来越多。一个人的身体在场，但却被另一个媒介技术中介的元宇宙世界所"吸走"（absorb）。物理世界是一个充斥着"现实关系"的世界，人们在其中通过真实、面对面的社会互动创造社会意义；而如今人们却越来越多地通过媒介化的社会互动，在虚拟空间建立替代性的社会意义，从而呈现出一种"不在的存在"的情形。

"彼""此"之间，空间问题是理解元宇宙的重要切入点。从奥吉的观点引申开，可以发现元宇宙的沉浸感似乎铲除了时空的差异，造就了全托邦（omnitoipia）。[4]全托邦蔓延到人类活动能力所及的所有空间，在真实空间生活的人们通过沉浸或虚拟替身进入虚拟的流动空间，而将真实的地理空间变成"非地域"。元宇宙和虚拟现实的结合将"非地域"问题的理解推到了新的层面。元宇宙世界提供了通过二维网站所无法比拟的沉浸感和参与度。它将实体的空间感重新带回了计算机中介传播之中。人们沉浸于元宇宙中，感官再次获得

---

1 Augé M. Non-places: Introduction to an Anthropology of Supermodernity. London: Verso, 1995. 42-66.
2 Bolter J D，Grusin R A .Remediation.Configurations，1996，4（3）: 311-358.
3 Gergen K J.The challenge of absent presence. In: Katz J E, Aakhus M, ed.Perpetual Contact: Mobile. Communication, Private Talk, Public Performance, Cambridge: Cambridge University Press, 2002. 227-241.
4 Wood A. A rhetoric of ubiquity: Terminal space as omnitopia.Communication Theory, 2003, 13（3）, 324-344.

"临场感"体验。元宇宙的临场感使得传统媒介中平面的、抽象的虚拟空间重新获得了地理属性，通过再地域化，元宇宙可以实现以下三方面的传播效果：

（1）由虚拟环境产生的"在别处"的感觉，即实体空间感。在人机交互设备的作用下，产生直接的感官刺激。虚拟现实的图形显示技术可以让用户直接沉浸在虚拟的三维环境中，而非以旁观者的角度通过计算机屏幕进行观察。同时，交互界面也不再是传统的鼠标、键盘等输入设备，而是更加人性化的、以自然的人体体态进行交互的界面，如数据手套和数据衣等。同时，该环境将向介入者（人）提供视觉、听觉、触觉等多种感官刺激。

（2）这种"在别处"的现实认知感受占主导的状态，使人暂时性地、主动或被动地忘却现实物理世界，而将大多数或者全部注意力投入到虚拟的空间中，完成自我知觉的替换。与传统媒介不一样，在虚拟现实中，人类以虚拟替身的方式进入虚拟现实的环境空间，以自然的方式与虚拟环境中的人和物进行交互。因此虚拟替身是虚拟环境中人的行为主体。

（3）参与者对于虚拟现实作为现实的认同程度。在沉浸于虚拟现实世界的过程中，用户甚至会产生媒介透明感（illusion of non-mediation），或可以直译为"无中介的错觉"。媒介使用者未能发觉或感知他/她所处的传播环境中媒介的存在，并且在这样的感知前提下与传播环境互动。这里的媒介是指人造的媒体技术，甚至包括眼镜和助听器材。媒介透明感的产生通常有两种原因：一是媒体内容和媒体使用者共存于同样的物理环境中；二是媒介本身成为一种社会存在。媒介透明感并不同于感官或心理失常，媒介使用者依然可以区分什么是媒介内容、什么是真实物理世界。

第三节 空间的能供性：数字空间的社会临场感和再地域化

虚拟现实被认为一种体验性媒介技术（experiential technology）[1]，具有无中

---

[1] Le Q T, Pedro A, Park C S.A social virtual reality based construction safety education system for experiential learning.Journal of Intelligent & Robotic Systems，2015，79（3）：487-506.

介错觉（illusion of non-mediation）的认知效果。[1] 在这样的媒介形态中，一切叙事与诠释都以虚拟的直接经验的方式获得。因此，长期以来技术开发者们的研究工作都基于这样一个假设：仿真技术越成熟，无中介式体验越真实。对于计算机中介传播来说，这意味着更多的信息通道；对于虚拟现实技术来说，为了生成与真实环境更接近的感官体验，必须引进更加先进的输入输出设备。但伴随着更多的理论反思与实证工作，这样的假设正慢慢地改变，核心问题是我们如何理解我们本体的实在性（ontological reality）。[2]

因此，元宇宙空间的研究需要跳出技术决定论，而聚焦于社会情境。这一视角的哲学观根植于海德格尔（Martin Heidegger）[3]、吉布森（James Gibson）[4]和科尔（M. Cole）[5]的研究。环境并非给观察者提供了无差别、现成品（ready-made）的信息，而是根据对象的社会情境、目标和需求给观察者提供了不同的叙事机会。能供性（affordance）不是隔离于事物之外的，而是一种社会资源，正在等待开掘和诠释。在游戏研究领域，不少学者关注到了游戏自身提供的开放性世界和空间叙事弹性，这些可以为玩家提供诠释和体验的能供性。如有学者通过对《我的世界》进行研究发现，该游戏空间提供了广阔的探索和社交工具，从而为儿童提供数字原材料，鼓励数字内容生产和群体性协作，进而促进儿童的数字媒介素养和数字媒介认知。[6]而有的学者通过对《魔兽世界》的研究发现，该游戏的开放世界向玩家提供了从陌生人社交到公会组织的不同社交情景，形成了不同强度和链接方式的网络社群组织（Gemeinschaft）以及相应的集体社交行为，从而使游戏空间具有高度的沉浸感[7]；有学者通过研究发现，开放

---

1 Coelho C, Tichon J, et al. Media presence and inner presence: the sense of presence in virtual reality technologies. In Riva G, et al. (Eds.). From communication to presence: Cogniton, emotions and culture towards the ultimate communicative experience: Festschrift in honor of Luigi Anolli IOS Press. Amsterdam: IOS Press, 2006. 25-45.

2 Smith, B. Beyond Concepts. "Ontology as Reality Representation." Proceedings of the Third International Conference on Formal Ontology and Information Systems (FOIS 2004), a cura di A. Varzi e L. Vieu, IOS, 2004.

3 Heidegger M. Being and time. New York: Suny Press, 2010. 24-26.

4 Gibson J J. The theory of affordances.In: Gieseking J J, et al, eds. The people, place, and space reader. New York: Routledge, 1977. 67-82.

5 Cole M. Cultural psychology: A once and future discipline. Cambridge: Harvard university press, 1998. 21.

6 Dezuanni, M. Minecraft and children's digital making: Implications for media literacy education.Learning, Media and Technology, 2018, 43（3）: 236-249.

7 Nardi B, Harris J.Strangers and friends: Collaborative play in World of Warcraft.Proceedings of the 2006 20th anniversary conference on Computer supported cooperative work. 2006, 149-158.

世界游戏空间可以成为第二外语学习和社交的场所，虚拟空间的能供性为熟练玩家和非熟练玩家提供了第二语言学习的机会[1]，以上都是用户对虚拟空间的能供性进行主体创造性阐释的结果。

　　从这个路径出发，元宇宙的空间能供性需要由参与者去诠释。元宇宙中临场感不再仅仅取决于这个虚拟环境在多大程度上模拟了外部环境的真实物理状态，而在于社会情景——虚拟居民持续的、具体的社会互动而形成的社区。伴随着这个过程，场所字面上的空间属性变得越来越不重要，而在于在元宇宙中起到了使行为情景化（contextualization）的作用，它使得特定的行为与特定的社会文化环境产生意义和联系。元宇宙世界的居民们在景观和建筑之间穿梭行走，并根据与人造的空间关系形成了一套空间协作框架。[2] 和物理世界类似，环境背景音起到了指引作用——欢笑声、潺潺溪水声、音乐声弥漫在元宇宙空间中，并根据观察者所在的具体空间坐标而形成不同的立体声效，并且生发出本体实在的空间感知。随着对景观及虚拟物品的熟悉度的提高，居民开始将个人意义逐渐附加在这些人造物之上，这一过程标志着从"空间"（space）到"地域"（place）的意义的转变：如果说空间的含义更加抽象客观，那么地域则由在其中居住的人定义，参与者通过结构化的方式将空间变为地点，对其产生感情归属感，并在其中创造了数字文化意义。在这个过程中，与他人的社会互动是关键因素。[3] 因此，地域化的数字经验是主观性的、个人化的，对不同的人存在不同的意义，是社会权力互动的发生场所。

　　了解社区成员对于特定空间和场所认知的另一个方法，是研究他们如何理解该场所中的人造物（artifact）。人造物在塑造及反映场所意义的过程中起到了至关重要的作用。居民通过人造物形成情感依附和社会关系，在早期元宇宙社区《第二人生》中，不少居民都坦言他们对于虚拟的人造物有着强烈的个人情感：

　　　　刚来到的时候会更关注这个虚拟空间的奇特景象，例如虚拟的花花草草是

1　Rama P S, Black R W, et al. Affordances for second language learning in World of Warcraft.ReCALL, 2012, 24（3）: 322-338.
2　Tuan Y F. Humanistic geography. Annuals of the Association of American Geographers, 1976, 66（2）: 266-276.
3　Kitchin R, Valentine G, et al. Key thinkers on space and place. London: Sage, 2004. 67-72.

真的可以随风摆动，虚拟的世界也有日落日出，走到虚拟的海滩上也能听到海浪和鸥鸟的叫声。随着在这里的时间增加，则更加关注一些"非自然的"的东西——当然这里的东西都是"非自然的"——我指的是和朋友们一起参加耶鲁大学远程培训的虚拟课堂，或者是我们一起设计建造的虚拟泰姬陵，等等。[1]

在上述表述中，虚拟人造物在居民们看来都有着重要的意义，因为它们是对强烈个人情感理解的表示和投射，而不仅仅是因为其美学特质。在早期元宇宙世界《第二人生》中，公共场所中人造物的意义和使用与私人场所中的完全不同。公共场所提供可供多人使用的家具，并且通常出现于大面积的室内或室外。同时公共场合还会摆放姿态球（pose ball），当居民点击的时候，就可以自动让虚拟化身开始一段符合公共场所规范的连续动作。而私人场所通常面积略小，并且设计成适合 1~2 人共处使用。这样的空间里虚拟人造物的符号生态常常折射出居住者特定的审美标准或主题，可以让居民和朋友（或伴侣）从事更加亲密的行为和互动。尽管《第二人生》是一个大型的社交社区，但还是有很多居民花费大量的时间精力在自己的私人空间中。

我花费时间最多的地方就是我在《第二人生》中的小窝了，在这里我可以很随性地放松下来，我愿意将这里布置成我喜欢的样子，可以说我的数字小窝是我的现实避难所。[2]

上述陈述代表了许多虚拟居民的想法，表达了他们与私人空间强烈的情感连接，以及情绪抚慰作用。私人场所在第二人生的社区居民生活中占据了重要的位置，它提供了一套美学和象征体系，为虚拟化身的自我表达提供了途径。在《第二人生》中，居民购买的土地都可以被设定为"私人"属性，进入需要该区域所有者的同意或邀请。这样的私人场所包括私人房屋、精美的城堡，乃至天空之城（skybox，《第二人生》中常见的私人房屋形态，悬浮建造在很高的空中，通常不容易被人发现）。这一超乎常规的使用，反映出人们对于一个区别

---

[1] 根据笔者对《第二人生》用户的访谈。
[2] 根据笔者对《第二人生》用户的访谈。

于社区空间的,属于自己的私人领地的需求。

除了上述虚拟空间协作框架对数字实践的情景化作用外,从虚拟"空间"到数字"地域"转向的另一个重要特点是社会临场感。社会临场感（social presence theory）认为新媒体的传播效果取决于该媒体提供给用户"身临其境"的感知状态,而与其他参与者在共享意义空间能够进行互动,可以大大地优化这一效果。肖特·威廉姆斯和克里斯蒂（Short, Williams & Christie）认为,社会临场感是个人在沟通中对群体中其他人的感觉。[1] 社会临场感理论认为,计算机中介传播与人际传播相比,由于缺少真实的社会场景和体态、表情的传播渠道,因此会影响到个人的社会性体验。因而当社会性体验较低的时候,通常在网络世界所形成的虚拟社区认同感和稳定性比较差。相反,比较高的社会临场感体验会让用户具有更强烈的认同感,更好地融入虚拟社区。社会临场感是在双向互动的传播过程当中所生成的,本质上是一种社会情境而非单纯技术效果。如今人们可以通过互联网产生亲密的互动关系。一些学者甚至相信某些特定的情形下,通过计算机的人际传播效果要比面对面互动的社会性更高。

社会临场感也是一种社交满足,是一种感知社会性、相互取暖、敏感性、私密性或亲密性的互动实践。用户自身会根据传播效果中临场感的要求来选择不同的媒介形态。对社会临场感来说,无论是传统的书信、电子邮件、网络文字聊天还是电话,在元宇宙的虚拟世界中,精简的信号通道是无法满足物理性的身临其境感的,但并不妨碍心理效果对社会存在感的满足。在早期纯文字的网络多人在线游戏（MUD）中,即使没有如今网络游戏或者元宇宙逼真的图形特效,人们依然津津乐道的原因在于在 MUD 中,玩家可以通过游戏中的交流工具进行角色扮演,以营造一种虚拟的社会环境,和游戏中的伙伴进行交流。倘若只是普通的信息传递,社会临场感较低的传播媒介就可以胜任,但如果是想要建立更加私人化的、富含感情色彩的传播效果,用户则会去选择语音聊天、视频聊天、虚拟现实乃至元宇宙等更具社会临场感的计算机中介传播方式。

---

[1] Short J, Ederyn W, et al. The social psychology of telecommunications. Toronto; London; New York: Wiley, 1976.

第四节　虚拟化身的同步仪式：作为社会认同的元宇宙空间

虚拟化身不仅仅是 Web 3.0 时代元宇宙虚拟环境中独有的存在方式，在更广泛的定义中也可以包括传统 2D 网站论坛中用户选择作为自身形象的图标，甚至可以追溯到更早期 MUD 游戏中的文字型主语。1992 年，卢卡斯电影（Lucasfilm）公司制作了一款名为《栖息地》（*Habitat*）的游戏软件。这也是历史上第一款图形网络游戏，与今天的网络游戏在形式上已经非常接近。该款游戏在历史上第一次用"Avatar"（虚拟化身）来代表玩家。如今，越来越多的游戏开始允许玩家使用游戏提供的模板系统进行适当的个性化定制。如《侠盗猎车》（*Grand Theft Auto*）中就允许玩家对游戏中主角的服饰、着装、发型进行个人化定制；另一些游戏甚至允许用户上传自己的平面照片，再通过游戏内部的 3D 模型系统转化为立体的模型，如 *2KSports* 系列运动游戏。这一过程被玩家形象地称为"扫脸"。到了 Web 3.0 时代，虚拟化身的呈现和作用也发生了革命性的变化（见图 4.2）。

图 4.2　游戏中的虚拟化身
注：从左到右为：卢卡斯电影公司制作的《栖息地》中的虚拟化身、
NBA2K 系列的人脸扫描和自定义系统、《和平精英》中的捏脸系统

比奥卡（Biocca）认为，史上从来没有过任何能像虚拟现实这样致力于延伸人类感官知觉的媒体。他认为，虚拟现实的终极目标即在于人类感知、认识，甚至是智慧的扩张，而这一扩张主要依靠虚拟化身作为中介来完成。[1] 也有学者对虚拟化身的社会效应持负面评价，认为虚拟现实虽然是涉及最多感官、身体运用程度最高的媒介，但实质上是"去身体化"（disembodying）的科技，如巴

---

[1] Biocca F. Communication Within Virtual Reality: Creating a Space for Research. Journal of Communication, 1992, 42（4）: 5-22.

尔萨莫（Balsamo）就认为虚拟现实透过对实际身体的物质压抑达成对它的概念性拒斥。因此，对虚拟现实"去身体化"的真正忧虑，在于它切断了使用者与绝大部分物理世界的身体联系。[1]

围绕元宇宙的迷思之一在于其提供了"去身体化自我"（the disembodied self）的终极可能。[2] 从古典哲学时代开始，人类存在的生物性和易消亡性就被认为是人类实现自我完善（perfection）的最大障碍。柏拉图提出了"身体厌恶"（Somatophobia）的概念，认为意识摆脱身体而独自存在是值得庆幸的事情，因为"带着肉体去探索任何事物，灵魂显然是要上当的"[3]。对于前现代的人来说，身体是不可突破的禁锢。人的一生都在与疾病、死亡进行斗争。笛卡尔直接将人类的存在分解为两个完全对立的部分："思维实体"（res cogitans）和"广延实体"（res extensa）。[4] 这种区别后来在存在论上就形成了"自然"与"精神"的区别。此后300多年的时间里，西方哲学界一直在试图"驯服"身体。

直到17世纪以后，由于文艺复兴中对身体的赞美，长期被压制的身体逐渐走出了神学的压制与禁锢，笛卡尔的传统才逐渐走向了终结。尼采果断地否认了意识的主导地位和灵魂假设，开创了身体哲学的传统，认为一切都必须从身体出发，以身体为准绳。梅洛-庞蒂认为："我不在我的身体前面，而在其中，抑或说我即身体。"[5] 而笛卡尔主义所崇尚的意识优先论，在弗洛伊德的心理分析理论前受到了挑战。他创建心理程序的模型，破除了笛卡尔的"我思"（cogito）。对弗洛伊德而言，思绪产生的程序，非主体直接反思所能探知。罗兰·巴特在他的自述里不惜大花笔墨地列举自己的习惯，他认为源自身体的差异是个人性标记，人与人差异性的根本所在就是"我的身体和你的身体不同"。他从尼采哲学的角度来诠释身体和意识的关系，就是说，任何人的差异不再来自于思想、意识或精神，而是根本上来源于身体。

---

1 Balsamo A M. Technologies of the gendered body: Reading cyborg women. Durham: Duke University Press, 1996.72-89.
2 Samantak D.he metaverse and the disembodied self, https://www.telegraphindia.com/opinion/the-metaverse-and-the-disembodied-self/cid/1839392, 2021-11-18.
3 Zoller C P.Plato and the Body: Reconsidering Socratic Asceticism. In: SUNY series in ancient Greek philosophy. Albany, New York: SUNY Press, 2018. 257.
4 Descartes R. The philosophical works of Descartes, 1955（2）: 41-53.
5 Merleau-Ponty M. Phenomenology of perception. London: Routledge, 2002. 173.

社会心理学家米德（George Herbert Mead）认为，游戏是人类建立自我（Genesis of self）过程中的重要机制。在其1934年的著作《心灵、自我与社会》中指出，社会行为本身就是人类通过共享的符号系统进行传播、互动的过程，而游戏也同样是通过符号进行的意义交换。[1]通过游戏，儿童可以通过角色扮演完成进入真实社会前的演习。米德认为，人类在社会互动中通过他人认知，了解自己，最终完成自我的确立。而游戏的过程，为发现"镜中我"提供了最佳的场所。丽莎（Lisa）提出身份旅游（identity tourism）的概念用以描述人们创造另一个替代性身份的过程。在"旅游"概念中，新身份就好比是旅行时承载的交通工具一样，人们通过它可以在一个虚拟的空间中去发现和探索新的认同感和价值，这个过程充满好奇和愉悦。身份旅游的现象最早出现在网上，也存在于电子游戏等其他媒介形态中。[2]

身份的多重性也是网络时代的一个重要特征。[3]自从《第二人生》等初代元宇宙兴起以来，网络身份的呈现方式实现了新的飞跃：用户化身成为一个三维的虚拟化身进入虚拟环境之中，与其中的人、物以及环境进行实时交互。围绕着虚拟化身也出现了许多新的二级市场，如在《第二人生》内部曾经就有许多为用户提供个性化服装、外貌形象的虚拟公司，也有一些企业推出专门针对虚拟化身的社交平台，在虚拟的环境中进行真实的社会互动，围绕着共同或相似的虚拟身份形成真实的认同感，并进而形成独特的社群和文化。从这个角度来说，虚拟世界中的所有互动和文本都构成了参与者的表达方式。虚拟化身可被视为参与者的"另类自我"（alter ego）。与一般在线游戏仅提供有限"角色"不同的是，元宇宙通常允许使用者可以自由设计自己的虚拟化身，虚拟化身有助于提高使用者的社会临场感与人际信任。[4]元宇宙提供的身份选择不仅仅是个人的美学选择，而且是对自我的定义与解释。

身体在空间中组织的方式取决于多种因素，包括性别、功能设计（如街

---

1 [美]米德：《心灵、自我与社会》，赵月瑟译，58-72页，上海，上海译文出版社，2005年。
2 Nakamura L. Race In/For Cyberspace: Identity Tourism on the Internet. In: Bell D, ed. The Cybercultures Reader, New York: Routledge Press, 1995.181-193.
3 Turkle S.Life on the Screen: Idein the Age of the Internet. London: Weidenfeld and Nicolson, 1995.72-88.
4 Bente G, Rüggenberg S, et al. Avatar-mediated networking: Increasing social presence and interpersonal trust in net-based collaborations.Human Communication Research, 2008, 34（2）: 287-318.

道、教堂、俱乐部等)、事件(如婚礼、课堂、艺术展)、所有权等。叶、拜伦森、乌尔班内克、张和莫吉特（Yee, Bailenson, Urbanek, Chang & Merget）发现，现实生活中的空间规范也会被应用到元宇宙的人际交互之中。通过测量化身的运动，他们发现女性的化身站立的间距要比男性用户之间的间距小，同时男性在虚拟现实中站立的间距要比实际生活中小。这些习惯与现实生活中的规范相吻合。[1] 马蒂和斯特罗默-加利（Martey & Stromer-Galley）在对《模拟人生（网络版）》（The Sims Online）研究后发现，虚拟现实中"房屋"的隐喻在玩家定义什么是"合适的行为"中起到主要作用。[2] 因此，元宇宙的空间感并不仅仅提供了空间指向，还与身份认同感或归属的表达密切相关。事实上在初代元宇宙《第二人生》中就有大量的以现实城市为蓝图的虚拟城市。用户可以走在伦敦、东京、纽约、波士顿、柏林等城市蓝图搭建的虚拟城市的街道上。如德布斯（Debs Regent）是一块虚拟伦敦街区的建造者，他本身是一名移居葡萄牙的英国人，他这样解释自己的动机：

> 当我思乡的时候就可以去虚拟城市中熟悉的街道走走，难道不是很棒的一件事情吗？这块街区有许多老邻里如今都人各天涯，不管是在英国国内还是像我一样在国外，他们都像我们一样思念自己的根。因此我们合力建造了这块虚拟的街区。[3]

德布斯因此召集起一支完全义务的志愿者队伍，试图凭借记忆、文字、照片资料复原他所居住的伦敦骑士桥区的原貌，包括所有的标志性建筑、双层旅游大巴、正在施工的地铁。他们并没有制订工作进度和完工日期，因为重要的是这一过程，"虚拟的骑士桥区将分布各地的老邻里们再一次集合起来，重建社区"[4]。他们使用《第二人生》并非仅仅为逃离物理空间的限制，而是试图

---

[1] Yee N, Bailenson J N, et al. The UnbearableLikeness of Being Digital: The Persistence of Nonverbal Social Norms in Online Virtual Environments.CyberPsychology & Behavior, 2007（10），115–121.

[2] Martey R M, Stromer-Galley J. The digital dollhouse: Context and social norms in The Sims Online.Games and Culture, 2017, 2（4）: 314-334.

[3] Exploring London in Second Life—with Designing Worlds, https://designingworlds.wordpress.com/2012/02/27/exploring-london-in-second-life-with-designing-worlds/，2012-02-27.

[4] 同上。

通过合作共创一处熟悉的快乐之地。因此，熟悉程度和相似度在这块空间中处于最重要的位置。虚拟现实技术的沉浸性、空间感、虚拟化身的代入感，创造出传统网络媒体所无法比拟的临场感。

史蒂芬·雅各布斯（Stephen Jacobs）指出，在虚拟世界中存在着两种形式的仪式：同步仪式（synchronous）和异步仪式（asynchronous）。"同步仪式"指多人集体前往特定的网络空间，并同时行动；"异步仪式"则由个人独自完成。[1]在元宇宙空间中，由于所有仪式场所天然具备空间性，因此可以容纳多人同时进行仪式创造和维系所需的时间。更进一步的是，这样的实践不仅仅是传统的Web 1.0或Web 2.0网站中对于特定宗教过程规范进行的文本文化描述和重复，还是可以通过虚拟化身进行身体力行的实践。在虚拟世界的流动空间内，虚拟的社群形成、发展不仅仅依赖于信息的传输，在线虚拟现实本身就可以被视为一种特殊的仪式或表演。一方面，注重的是本身或替身所处的空间转换；另一方面，虚拟环境将位于不同地域的人集合在一起完成某种任务，消除了传统疆域的界限，组成了新的社群文化和仪式。

结　　论

列菲弗尔将身体及其延伸视为空间生产的中心。他认为，这种空间的生产从本质上来说，是一种游戏性（playful）的社会行为。自然生产的空间已经遗失，因为人类已经发明了将自身异化并且排除在外的科学、哲学存在方式。早期空间的生产是自然的社会空间体，而如今，空间的生产会通过对现实空间的概念化和象征化，成为再现的空间（spaces of representation），最终空间的生产成为空间的再现（representations of spaces）。这种再现，通常与资本主义生产方式和消费文化相联系，可能导致空间的异化，即空间真实的功能被再现所掩盖。在其空间生产历史的末端，是后现代碎片式抽象空间的生产，所有的空间图像以"奇观"的方式呈现。

1　Jacobs S. Virtually sacred: The performance of asynchronous cyber-rituals in online spaces. Journal of Computer-Mediated Communication，2007, 12（3）: 1103-1121.

元宇宙与虚拟现实技术的结合，使得 Web 3.0 时代提供了无法比拟的沉浸感和参与度。它将实体的空间感重新带回了计算机中介传播之中，并且通过再地域化，实现以下三方面的传播效果：（1）由元宇宙产生的"在别处"的感觉，即前文所述的实体空间感；（2）这种"在别处"的现实认知感受占主导的程度；（3）参与者对于元宇宙"现实"作为现实的认同。但元宇宙数字空间的社会属性将这个纯粹的空间结构化、社会化为具体的场所，成为 Web 3.0 时代社会形态和社会互动的容器。因此，用户对于元宇宙作为现实的认同程度，在很大程度上并不来自其沉浸式的技术属性，更来自其背后丰富、复杂的社会交互和对人造物的主观诠释。这也印证了社会在场理论：新媒体的传播效果取决于该媒体提供给用户"身临其境"的社会情境感知状态。而数字空间的生产实际上是赛博资本主义生产模式维持自身的一种方式，它为赛博资本主义的生产创造出了更多的空间。元宇宙的数字空间一方面在自己的虚拟空间内部复制了资本主义的符号消费和生产方式，另一方面，虚拟世界的生产关系甚至会"溢出"到真实世界当中。

第五章 沉浸式传播中的身体经验

虚拟现实技术以其高度的感官沉浸性、体感交互性引发了颠覆"存在论"（being）和"自我超越性"（transcendence）物质性的讨论。相对以 2D 画面和键鼠交互为特点的传统媒介环境，用户通过高度拟真、再造现实的终端设备进入虚拟环境后，展现出更为独特的认知反应和丰富的心理变化。相较于传统媒体形态，经由虚拟现实独特的交互方式和呈现方式所表达的媒介内容，可能会造成使用者特殊的媒介使用经验。

在虚拟现实技术扩散的早期阶段，游戏是该技术最重要的应用方式。[1]由于其独特的体验性和奇观性，为游戏产业注入了新的可能性。在这样的语境下，虚拟现实游戏的媒介使用者成为重要的研究对象。它既是传统媒介理论"受众研究"在虚拟现实时代重要的开拓和尝试，也是基于游戏研究中"玩家研究"这个领域在虚拟现实技术应用场景下的全新探索。由三星电子与 Oculus VR 公司合作开发的三星 Gear VR 自 2015 年末上市以来，迄今全球销量已经超过 500 万台，成为目前销量最大的虚拟现实设备。紧随其后的是索尼虚拟现实头戴设备 PSVR，目前总销量已经突破 100 万套。除此以外，还有脸书的 Oculus Rift、HTC Vive 和 Google Day Dream VR，销量都在 50 万台之内。

本章以索尼公司 PSVR 主机与 PlayStation 商店中最畅销的《蝙蝠侠：阿卡姆 VR》为个案，开展了若干个以"90 后"大学生群体为主体的焦点小组访问

---

[1] Zyda M. From visual simulation to virtual reality to games. Computer, 2005, 38（9）: 25-32.

研究，尝试使用参与式观察和深度访谈的质化研究方法，试图回答：在虚拟现实技术下，由于感官系统被沉浸式的传播环境暂时性地替代，会对使用者的身体经验（bodily experience）产生怎样的影响？受访对象通过怎样的身体经验框架"浸入"虚拟现实的沉浸式传播环境中？

第一节　文献讨论

一、媒体使用与身体经验

身体问题是经典哲学的基础性问题。传统上，身体和精神、身体和主体性、身体与认知、身体与经验结构的问题都是哲学传统中被反复讨论的元问题。在法国现象学家梅洛-庞蒂的《知觉现象学》中，关于身体的讨论占据了核心地位。伴随着新的技术和社会文化环境，身体问题的显著性不断显现出来。在杜威的结构功能主义者看来，身体不是与心灵对立和分离的封闭实体，而是表现为心理事件的开放性主体。身体不仅是获得经验的条件和源泉，而且是经验及其统一性和连续性的体现者，身体的状态决定着经验的方式。

从媒介使用和身体经验的角度看，身体在媒介实践过程中获得的经验，是人类非直接经验形成的重要组成部分。在麦克卢汉的诠释中，人类社会在部落化、去部落化和再部落化的过程中，由于不同技术的媒介在不同历史阶段出现并占据主导地位，身体感官系统也经历了整合、分裂和再次整合的过程。而 A. 哈特以身体、传播和工具的关系将人类传播系统分为三大种类：（1）示现的媒介系统，即只依靠人类自身的感官系统而维系的媒介系统，如口语传播和非语言符号的人际传播等；（2）再现的媒介系统，即传播者需要依靠工具或机器进行编码生产，而媒介使用者则只需依靠身体感官就可以进行解码的传播系统，如印刷媒体等；（3）机器的媒介系统，即传受双方都必须以来自身体以外的工具才能完成传播行为的传播系统，如多数电子媒介传播和计算机中介传播等。

在新媒体的使用中，身体既成为重要的交互界面，也成为整合的经验主体。对于需要较高技术和操作门槛的新媒体使用行为来说，媒介素养本身就包含马塞尔·莫斯所言"身体技术"能力的体现。[1] 同时，社交媒体中的自我呈现，本身也是身体实践的一部分。进入移动媒体时代以来，通过新媒体中介，对城市、社区等地理空间进行身体性和社会性的经验实践和再造，身体本身更是成为具备移动性（mobility）的空间实践主体。身体也可以被视为一种标准或范畴，从而界定不同历史时期、不同技术特征的传播行为。这体现了身体在传播媒介中的主导性，即身体与传播的结构性关系决定了媒介的样态和特质。

在虚拟现实技术中，身体经验更是一个最本质的技术哲学问题，因虚拟现实通过感官经验的全面再造，重塑了身体的替代性经验，因而可引发关于颠覆存在论（being）的技术性讨论。因此，本章的重点是在以"身体的沉浸"（immersion）作为重要特征的虚拟现实传播中，讨论身体经验和传播的结构性关系。

二、沉浸式传播

在关于虚拟现实技术的界定中，沉浸性（Immersive）是最重要的关键特征。[2] 虚拟现实技术追求的目标是力图使用户感觉不到身体所处的外部物理环境，而将自己置身于计算机产生的三维虚拟环境中，使用户真切地融入虚拟空间中去，并使用户与虚拟环境中的各种对象相互作用，就如同在现实世界中一样。

有学者试图建构"沉浸"的概念框架，如鲍许、普罗菲特和威廉姆斯（Pausch, Proffitt & Williams）早在20年前就试图用量化的方法衡量虚拟现实平台的"沉浸度"[3]。也有学者试图通过文化研究的方法，讨论"沉浸性"虚拟环境的文本属性，如瑞安（Marie-laure Ryan）从符号学的角度出发，以互动性和沉浸性作为概念框架，借用文学理论讨论虚拟现实的文本性（textuality）[4]。还有研究者通过实用性的取向，研究沉浸式虚拟环境在医疗、教育等领域的应用，如拉姆森（Lamson）就研发出虚拟现实的沉浸式治疗方案，该系统能解决心理、

---

[1] Mauss M. Techniques of the Body. Economy and Society, 1973, 2（1）: 70-88.
[2] Biocca F, Delaney B. Immersive virtual reality technology.Communication in the Age of Virtual Reality, 1995, 15（32）, 5510.
[3] Pausch, Randy, Dennis Proffitt, and George Williams. "Quantifying immersion in virtual reality." Proceedings of the 24th Annual Conference on Computer Graphics and Interactive Techniques, 1997.
[4] Marie-Laure R. Immersion vs. interactivity: Virtual reality and literary theory.SubStance, 1999, 28（2）: 110-137.

精神、医学教育和自我救助问题，并率先取得美国专利局专利。[1]克里恩（Krijn）等则尝试利用虚拟现实沉浸环境治疗恐高症。[2]也有学者注意到沉浸式虚拟环境对于参与者生理心理可能造成的负面影响，通过实验发现，61%的被试者在沉浸于虚拟现实20分钟后出现各种身体不适，另有5%的被试者因为负面生理反应未能坚持完20分钟的实验。[3]

中国学者杭云、苏宝华最早提出了沉浸式传播的中文概念，他们认为虚拟现实以其全新的传播交流技术和独特的界面设计，正在产生一种历史上从未出现过的传播交流方式。[4]而随着沉浸式传播的出现并逐渐被大众接受，又将使虚拟现实成为一个超越电影、电视、网络等流行传播媒介的、可实现跨时空在场交流的超级传播媒介，并进一步颠覆人类长期积淀的生存经验和目前固有的生存方式。方楠认为关注这种技术与新传播形式的同时，更应思考到其背后诸如知觉的人工化、在场的孤独、视觉感知的依赖等文化隐喻。[5]杭敏则通过研究国内外融合新闻中的沉浸式体验与报道，提出未来沉浸式新闻报道在受众接受意愿、新闻价值增值、受众使用行为与浸入度，以及新闻伦理等方面的研究议题。[6]

三、受众研究视域下的玩家研究

玩家研究（player studies）是游戏研究的重要组成领域。溯源于传统的受众研究，游戏玩家研究根据研究路径与方法可分为积极的媒介视角（active media perspective）与积极的玩家视角（active user perspective）（见表5.1）。积极的媒介视角研究多从行为主义和实验心理学出发，基于实验室方法，量化测量游戏对于玩家态度或行为的改变，相关理论包括弗洛伊德提出的宣泄论（catharsis theory）、格伯纳所提出的涵化理论（cultivation theory）、班杜拉（Albert Bandura）

---

1 Lamson R. J. U.S. Patent No. 6，425，764. Washington, DC：U.S. Patent and Trademark Office，2002.
2 Krijn M, PMG Emmelkamp et al.Virtual reality exposure therapy of anxiety disorders：A review.Clinical Psychology Review，2004，24（3）：259-281.
3 Regan E C，Price K R. The frequency of occurrence and severity of side-effects of immersion virtual reality. Aviation, Space, and Environmental Medicine，1994.
4 杭云、苏宝华：《虚拟现实与沉浸式传播的形成》，载《现代传播：中国传媒大学学报》，2007（6）：21-24页。
5 方楠：《VR视频"沉浸式传播"的视觉体验与文化隐喻》，载《传媒》，2016（10）：75-77页。
6 杭敏：《融合新闻中的沉浸式体验——案例与分析》，载《新闻记者》，2017（3）：76-83页。

提出的社会学习理论（Social Learning Theory）、齐尔曼的唤起理论（Arousal theory）等。在这条路径下，安德森和迪尔（Anderson & Dill）针对暴力游戏对玩家行为的影响进行了实验室研究，得出了玩家参与暴力游戏和社会越轨行为呈正相关关系[1]；杜尔金和巴伯（Durkin & Barber）则通过研究认为，尽管存在种种风险，但总体而言游戏对于青少年成长持正面意义。[2] 然而，积极的媒介视角的批评者认为，在实验室方法中，存在游戏行为与家庭和社会环境隔绝，因此，游戏行为模式可能离真实场景相距甚远。另外，暴力游戏参与行为的动机和结果之间的因果关系是否具有逻辑合理性同样值得商榷。

表 5.1　游戏研究中的两种视角

	积极的媒介视角	积极的玩家视角
理论溯源	行为学、社会心理学和实验心理学	人类学、民族志、文学理论、符号学、文化研究、媒介理论
研究方法	量化研究（控制实验）	质化研究（访谈和观察）
研究取向	媒体对于用户态度和行为改变	意义、诠释、角色、对话、功能
研究对象	游戏对玩家的影响	玩家对游戏诠释

与之对应地，针对积极的玩家视角所开展的研究多从人类学、民族志和文化研究出发，以质化的路径来研究意义的生成和玩家的主观性诠释，溯源文学理论中的读者反应批评（Reader Response Criticism）。该理论将读者视为具有能动性的主体，通过对文本主动接纳、协商或对抗式解读，形成读者视角的意义，强调读者对文学作品的经验，而非作者或作品文本。在受众理论层面，呼应了霍尔提出的受众对文本解读的三种形式：主导意义解读、应用协商性符码解读和对抗性解读，反对主导意识形态。在理论路径上，这种研究根本区别于积极的媒介视角的"魔弹论"，而多聚焦于游戏参与动机、沉迷问题、身份

---

[1] Anderson C A, Dill K E.Video games and aggressive thoughts, feelings, and behavior in the laboratory and in life.Journal of Personality and Social Psychology, 2000, 78（4）: 772.

[2] Durkin K, Barber B. Not so doomed: Computer game play and positive adolescent development.Journal of Applied Developmental Psychology, 2002, 23（4）: 373-392.

认同、社区文化、性别等议题。特克尔（Turkle）通过民族志和焦点小组的方法，试图理解网络和早期虚拟世界类（virtual worlds）游戏参与者的动机，并将结论起名为"第二个自我"（the second self），以此向波伏娃的"第二性"致敬，认为媒介技术提供的互动可能性正在重塑人和自我、人和机器以及社群的关系，在网络的虚拟空间中，新的主体认同在行为动机的促使下，形成了极丰富的意义社区和对话。[1] 此后，有学者采用焦点小组的方法，对不同年龄段的儿童和青少年进行了深度小组访谈，旨在分析不同年龄代际的孩子对于游戏内容的主观解读。[2]

第二节　研究问题和研究设计

本章研究采用质化研究的扎根方法进行理论框架搭建的尝试。作为质化研究的重要方法，扎根研究通过系统性搜集和分析资料，试图从质性材料中尝试建构或拓展理论。研究者在进行研究设计之初并不一定预先构建好理论框架，而是通过自下而上的方式，逐步抽象理论认识层级，试图通过质性材料的搜集、整理、关联、抽象，最终寻找概念之间的关系和理论结构存在的可能性。在遇到新现象，试图进行理论拓展时，该研究方法就显得尤为合适。

本研究选取的虚拟现实游戏样本《蝙蝠侠：阿卡姆（VR）》（*Batman：Arkham VR*）是 PSVR 中最受欢迎的游戏之一。主要故事情节是由玩家以第一人称视角担任主角的蝙蝠侠，在反乌托邦的罪恶都市哥谭中去破一桩谋杀案，找出杀戮夜翼的凶手，并不断探索自我身份和城市的阴暗面。自 PSVR 于 2016 年 10 月上市以来，一直是该平台中下载量前三的游戏。该作品使用 Unreal 4 引擎制作，由 PSVR 进行了优化，细节上出色，而其交互性极高的游戏环境更是引人入胜，也是该系统画质最高的游戏之一。

本研究的质化材料由焦点小组（Focus Group）获得（见图 5.1）。研究者在 2017 年 1 月至 8 月，分别进行了五组虚拟现实玩家体验和焦点小组讨论，其中

---

[1] Turkle S.The second self: Computers and the Human Spirit. Cambridge: MIT Press, 2005.
[2] Sørensen B H.Online games: scenario for community and manifestation of masculinity.NORA-Nordic Journal of Feminist and Gender Research, 2003, 11（3）: 149-157.

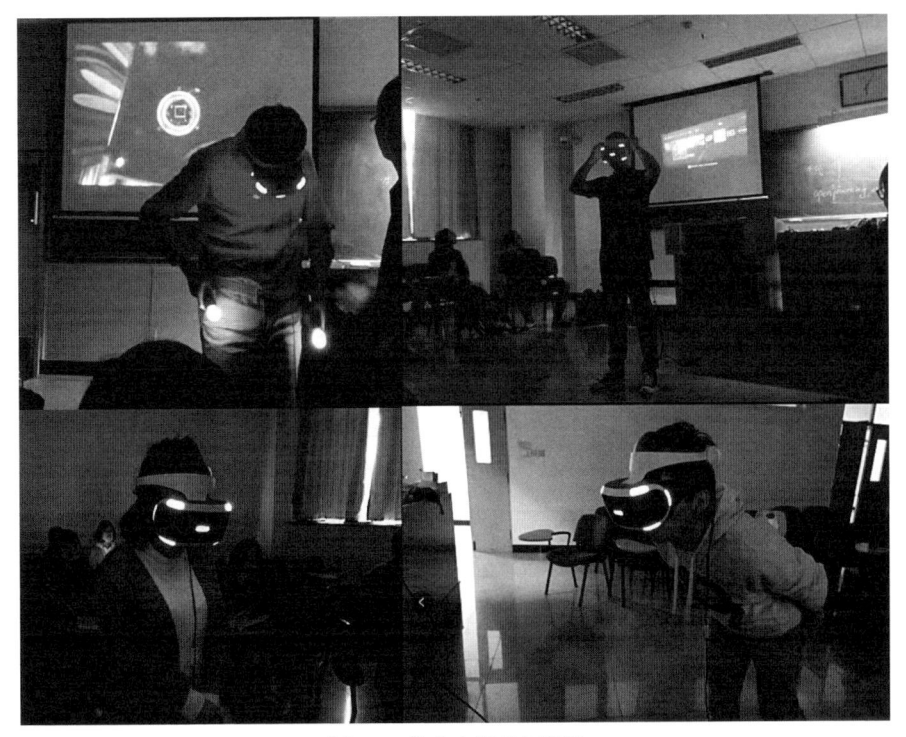

图 5.1　焦点小组研究现场

包括一组最早进行的试点性焦点小组（pilot focus）。在招募研究参与者的过程中，本研究按照以下标准进行了筛选：第一，本研究选择了从未有虚拟现实类游戏经验的年轻玩家，他们多数对虚拟现实技术已有耳闻，但从未亲自操作体验，这样的筛选标准是为了能够捕捉到陌生化的媒介使用体验，保证质化研究讨论的敏感度；第二，本研究每组焦点小组人数为 15 人，人员构成均为 18~21 岁的北京高校学生，招募方法为滚雪球（Snow-balling）加筛选式，以便找到趣缘、教育程度等都较为接近的参与者。选择这个年龄段的学生一方面是因为他们为目前游戏消费的主流人群，有较为丰富的游戏经验，另一方面是由于他们有着较强的思辨和表达能力，可以更好地提高焦点小组的讨论质量。

在研究的具体过程中，参与者在研究助理的帮助下，"浸入"《蝙蝠侠：阿卡姆（VR）》的虚拟现实游戏空间，在观察参与者沉浸式使用行为时，为保证有效性，本研究要求游戏助理给予最低程度的辅助，除非在迫不得已（如由于头戴式显示器走动不便等）情形下，研究设计者不得对"浸入"虚拟环境的参与者进行任何实时的语言提示,同时也避免诸如噪声等外部因素的干扰,每位参与者在该虚拟环境中的滞留时间至少为 20 分钟。

在虚拟现实浸入体验后,焦点小组围绕以下研究问题进行半结构式开放性讨论。此后,借助 MaxQda 软件,对讨论的内容文本完成扎根理论的编码过程,即开放式编码、主轴式编码和选择式编码,从而将与虚拟现实游戏中玩家身体经验相关的内容进行概念化,并选择其中的核心议题建立与其他范畴的关系。

首先,在开放编码的过程中,研究者对质性文本资料中的概念进行标示,其中既包括鲜明代码,如"头重脚轻"("带上 VR 设备后头重脚轻")"身临其境"("感觉完全置身其中""感觉自己突然穿越了")"逼真"("眼前的这些东西都太逼真了,感觉似乎伸手可及")等;也包括抽象代码,如"自我身份置换"("如我一瞬间产生了身份错乱,我究竟是我还是从虚拟镜子中反射出的我?")"空间临场感"(如我抬头低头,眼前的景象也随之变化,我仿佛已经不在教室中,而在一个哥谭警察局的楼顶俯视整座城市")等。其次,对这些开放编码所形成的概念类别进行归纳、整合和抽象,即所谓的主轴编码,将其分类为"作为感观经验的身体经验""作为空间实践的身体经验""作为身份置换的身体经验""作为情感主体的身体经验"和"作为虚假记忆的身体经验"。最后,再进入第三级编码,即选择编码,在已发现的概念中选择核心类属,并继续进行结构化关系梳理的尝试,最终抽象出"沉浸式传播身体的经验结构"作为统领整篇研究的结构性纲领。

第三节 研究发现与讨论

通过四组正式焦点小组的访谈并对相关资料进行分析和提炼,研究者发现这四组的组内研究在主题和框架上是从参与者在虚拟现实中的化身"我"的身份主体进入的,并通过身体/经验的讨论框架展开。

一、作为感官体验的身体经验

从媒介技术史的角度来看,人类一直寻求通过各种技术的方法再现现实。

在不同的社会发展阶段，人类总能通过当时技术的可能性，寻求身心的"沉浸感"。从西方绘画史中的透视法、全景画，再到电子时代的电影和电视等，寻求感官的模拟和复制是媒介史发展的重要动因。如今，虚拟现实技术可以用完全沉浸的方式，将计算机生成并进行实时渲染的数字符号世界以直观的方式直接叠加在物理世界的感官通道上，从而创造出另类的身体感官经验。在焦点小组讨论本次研究采用的游戏文本《蝙蝠侠：阿卡姆》时，游戏者关于身体感官体验的讨论主要围绕以下主题展开：虚拟现实媒介的使用动机、浸入虚拟现实环境后的身体"沉浸感"体验、虚拟/现实的身体的交互规则等。对于沉浸感的感官经验的表述，以下四例最具典型性：

案例一：

佩戴设备的过程的确非常烦琐。但一旦开启设备后，我就被完完全全震撼了。整个"画面"是没有边框的，你就觉得自己是身临其境在一个完全陌生的地方，一切都太逼真了，不管我向左向右、向上向下，或者前后迈步，都不会感觉到"假"。石板上的光影、水坑里倒映的霓虹灯，这些都和现实世界看到的一模一样。这个场景，从电视中观看不觉得害怕，但是真正"到那里面"后还确实挺吓人的。

（女性，19岁）

案例二：

扑面而来的信息量很大。首先还是被这项新技术不一样的视觉体验一下子先震撼到，所以心理的第一反应是先去探索整个虚拟现实中可以把细节还原到什么地步。想先多体验一下和平时16：9的二维画面给人不一样的视角。对故事情节的进入反而被放到了第二位，故事叙事的代入感会稍微偏弱一点，这应该是第一次佩戴的感受。

（男性，22岁）

案例三：

玩普通CS（第一人称射击类）或《王者荣耀》（第三人称塔防）这类游戏，更多的注意力是你的输赢上面、自己能力的表现上面。而并不是说你感觉自己在奔跑，或亲眼看见敌人在眼前被你杀死、亲眼看到狙击枪的运作。虚拟现实游戏最大的震撼恰好正是如此，你所"经历"的事情百分之百都是在你眼前"真实"发生的。你可以通过自己的动作去改变它，就相当于进入了另一种化身，去体验另一种生活。刚睁开眼睛的那一刻像是醒了，回来以后发现有点陌生。就像在电影院出来以后的猛醒感，但是这种感觉更加强烈，因为你已经完全投身于那样的环境里面了。

（男性，25 岁）

案例四：

这款 VR 游戏创设的环境是把物理世界的感觉规则搬到了游戏里。你不需要去重新架构你的世界观。因为对于传统游戏来说，你要上手一款新游戏，你首先要了解每一个键位的操作、每一个控制、每一种方式。但是在虚拟现实游戏中，这一切都是零基础的，你在进入 VR 世界里面去探索的时候，是不需要有太繁杂的身体语言学习成本的，所以在这个过程中产生的这种真实感，我觉得是一种模拟出来的规则真实感。

（男性，20 岁）

在虚拟现实沉浸式传播环境的参与者看来，身体感官经验有以下特点：

（1）不少受访人都用"身临其境"来描述自己的身体经验，并且认为虚拟现实中的场景叙事本身唤起的恐惧情感是增加自身浸入感的重要印证。在他们的表述中，在进入虚拟现实技术所创造的魔环（magic circle）时，参与者是会通过反身性的怀疑，通过"左看右看"的动态尝试和与自身物理世界中感官经验的比对，最终确认或暂时性地放弃了质疑，而选择服从于感官营造的虚拟世界。

（2）一些拥有较高媒介素养的受访人则倾向于采用更加理性的方式，试图解构感官经验的直观感受。如第二位受访人用"扑面而来"一词形容虚拟环境浸入时感受到的信息环境，同时对于细节还原度的关注，可能来自于较为丰富的游戏经验，同时他也提到，参与者对虚拟现实技术奇观的聚焦可能会削弱对故事叙事本身的关注度。

（3）有的受访人则通过虚拟现实与其他"传媒"媒介使用的身体经验进行对比，试图建立跨媒介沉浸度的参照系。如第三位受访者，试图比较虚拟现实类游戏与传统计算机游戏，乃至电影院观影后的感官体验。

（4）由于在虚拟现实的沉浸式传播中，身体感官成为了人机交互界面，因此虚拟现实开发者在交互规则的设计上，也最大限度地利用了身体和技术的关联度，复制和模拟了物理世界的感官经验。因此，受访者认为虚拟现实的感官体验和身体物理交互规则相较于其他技术设备而言，操作的门槛更低。

在西方哲学传统中，身体问题一直被置于与意识相对的二元讨论框架中，并且因其物质性而被贬损。笛卡尔认为，通过感官和身体经验无法得到接近真理和知识的机会，他怀疑身体经验本身通过完全排除身体的不确定性，将纯粹的自我寄托于无躯体的"我思"中。直至进入现代后，身体的重要性才真正显现。尼采就翻转了经验主义哲学或理性主义哲学的根本出发点，而将身体作为出发点。而梅洛-庞蒂在现象学中，则将身体视为具备"外在性"和不可见的"内在性"交织的矛盾体，即身体本身既具备被动的事实性，同时也具备主动的超越性。

在梅洛-庞蒂看来，身体是打通经验世界和外部客观世界的联结物。人类所感知到的经验世界都是通过感官这个天然的交互界面将所接收到的信息处理而成，从虚拟现实技术所能实现的"感官的取代"效果来说，技术条件已经可以实现视觉、听觉和身体体态同步性关系的完全替代，这也就意味着，虚拟现实在人类媒介技术史上第一次完成了体外感知信息的完全复制和整合，并且可以通过全覆盖的方式，完整地替代天然的人体感官通道。

对于虚拟现实的浸入特性，有学者用"being there"（译为"身临其境"）进行描绘。早期虚拟现实技术由于计算机运算能力和显卡图形能力所限，须在图像逼真度与计算机响应速度之间进行艰难取舍，而如今的虚拟现实技术已经可以在家用设备上解决这样的问题，实现参与者的身体物理姿态和头戴式显示器中虚拟环境的毫秒级响应。总体来说，尼葛洛庞帝在数字化生存中曾提到的存在论（being）的数字化，已经在如今的虚拟现实中实现，并给参与者带来完整的另类身体感官经验（alternative body experience），通过身体经验的置换，影响到参与者的身份经验。

二、作为空间实践的身体经验

胡塞尔在《事物与空间》中建立了身体与相关空间的论述，他认为身体在空间的感知中具有优先性和承载性，即空间经验对于身体来说都是"在此处"

（being here）的体验。他提出 null-body 的概念，认为身体是知觉经验的方向原点。因此，如何感知身体和身体的运动，是我们认知所处空间经验的纽带。此后无论是海德格尔，还是梅洛 - 庞蒂，都揭示了人的空间经验是存在的重要维度。空间经验以及主体与空间的交互，建立起人与空间的交互关系。人体验空间的过程，也是建构空间的过程。

关于计算机网络的讨论，从技术肇始之初就充满了空间的隐喻，如威廉·吉布森在《雪崩》中最早提到的"赛博空间"的概念，以及美国前总统克林顿推出的"信息高速公路计划"和今日关于"网络空间秩序"的讨论。可以说，在技术扩散的过程中，一直伴随着空间的隐喻并推动了公众对于网络技术的认知。

与以往所有的媒体相比，虚拟现实最大的特征之一在于通过信息技术和人体感知系统的协调，再造了虚拟的空间感。在虚拟现实的沉浸式传播环境中，可以"真实地"创造出一个拟态空间，空间的大小规模由技术能力决定。即便是家用级别的虚拟现实设备，也可以创造出 2~3 平方米的虚拟空间。参与者可以在这个虚拟空间中自由活动，通过交互设备与虚拟空间中的虚拟物品或 NPC [Non Player Character（非玩家控制角色）] 进行互动。在焦点小组访谈中，关于空间经验的讨论有以下典型案例：

案例一：

研究者：你刚才为什么蹲在地上看地面？

参与者一：我站在哥谭市警察局楼顶，当时正在下雨，有风吹过地上的落叶。

研究者：那片叶子对你来讲意味着什么？你为什么那么仔细地看那片叶子？

参与者一：它很像现实生活中掉落的叶子。因为蝙蝠侠世界中的其他东西我在真实世界没有看过，所以我对那些全都不熟悉，也无从比较。但那叶子像是我真实生活中的东西，所以我很着迷地看它。

研究者：你在看什么细节？

参与者一：我蹲下，是想看看雨滴溅落在积水里的水波纹理。我记得黑客帝国里，同一只黑猫两次走过窗台的 BUG 证明了世界是虚假的，我也想看看会不会雨滴的溅落有循环。另外还想仔细看看地上落叶的纹理，因为据说世界上没有两片同样的落叶，如果有，那就一定是假的。

参与者二：小时候外婆跟我说，雨滴落下是水纹，说明明天是晴天，如果是水泡，说明明天雨还会下。我想看看哥谭市明天的天气怎样。（笑）

参与者三：其实计算运算底层是随机数表的问题，由随机数表产生的东西，在一个无穷大的集合中总会有重复出现的情况，它一定会重复，它并不是真的随机。如果从数学的角度看的话，虚拟现实最大的局限就是它永远不可能做到真正的完全随机，但是自然是可以的。

案例二：

如果这个技术普及了之后，每个人的空间探索需求可以在自己的住所满足的话，感觉一个人的生存空间的需求就已经被缩小了。他不需要很大的房子，只要可以放下 VR，他就可以用虚拟现实来满足他对大空间的那些欲望。就是感觉它是把空间需求压缩到了最小程度。但是我觉得从生物角度来讲是不好的。我感觉在空间感上自己被欺骗了。

（女性，21 岁）

案例三：

我认为 VR 技术虽然脱离了屏幕边框的限制，但是它还有一个限制是目前技术无法突破的。传统游戏在一个空间里面建模，这个空间是连续的，但是 VR 的场景是有断点的。实际上我认为在我玩的时候，这是我最出戏的一点。我认为这个应该就是受限在存储技术的限制，因为最早任天堂的红白机，因为储存空间少，所以只能是卷轴式加载。就是大家所知道的像《魂斗罗》那样横版的一直走，所以我觉得这个以后应该是可以突破的。

（男性，22 岁）

20 世纪 70 年代后，随着社会科学的空间转向（spatial turn），段义孚、雷尔夫等学者从空间概念中引入了"地方"的意义。在《空间与地方》一书中，段义孚提出，在空间被"人化"为"地方"的过程中，人们才会由于空间所承载的符号意义和人们共同的经验，对其产生认同感。但随着城市化和媒体移动性的大幅提升，使得空间的多样性被消减，因而出现了后现代社会的空间产物，即"无地方"（placelessness）与"非地方"（non-place）。[1] 前者是指"认同弱化的地方"，如酒店、主题公园、游乐场、办公大楼等，都是均质的、缺乏独特人文景观的空间，它们提供了同样的体验；而后者指诸如高速公路、桥梁收费站等单一功能的途径空间。马克·奥热认为"非地方"没有去往任何地方，却无休止地与其他地方间接相连，是旅行路线中经过却不被了解的、欠考虑的空间，是无政治意义的移动和消费的空间；是只通过符号和图像交流的场所，其相互作用是被规则所构建而不是通过人们自己内部界定的。

另外，媒体技术的进步也在不断地改变着"无地方"和"非地方"的界定。如由于移动电话、移动互联网的出现，"移动性"（mobility）使得传统上诸如地铁车厢、机场等"非地方"可以转变为"第三场所"[2]。

在虚拟现实沉浸式传播环境的参与者看来，身体的空间实践经验有以下特点：

（1）虚拟现实空间由于其技术承载特质（affordance），提供了独特的空间叙事和浸入者身体交互体验。空间文本本身具备的天然开放性，使得浸入者可以通过身体姿态、视角、关注焦点等，形成多种互动关系，赋予了其广阔的自由度，并形成自身对空间的意义。具体来说，使用者在虚拟空间中可以在技术允许的范围内自由选择身体和空间的相对位置，因此，不同参与者在相同虚拟空间中的身体体验可能大相径庭。因此，虚拟空间的空间文本必须包含身体体验和身体—空间动态关系的维度，这是沉浸式传播与一般媒介使用的显著差异之一。

（2）虚拟现实空间的性质同样由浸入者的身体参与经验来界定。在马克·奥吉的分类中，如主题公园、游乐场等标准化的、均质化的失去意义的地方都归属于"无地方"（placelessnees），因为此类地点都缺乏独特的人文景观、地方文化和根植其中的人（见表5.2）。从这个角度看，本案例研究中所采用的虚拟现实，来自蝙蝠侠原始文本的故事场景设定，在单机版的虚拟现实环境中，更类似归属于主题公园或游乐场类的"无地方"。但同时，在访谈中发现，由于身

---

[1] Tuan Y F. Space and place: The Perspective of Experience. Minneapolis: University of Minnesota Press, 1977.
[2] Wilken R. Mobilizing place: Mobile media, peripatetics, and the renegotiation of urban places.Journal of Urban Technology, 2008, 15（3）: 39-55.

体—空间的开放性文本关系，既提供给浸入者在地化的身体实践机会，也提供了对空间文本进行自主性意义诠释的契机。在未来多人在线共享式的虚拟现实空间中，因为空间独立于浸入者，有可能在虚拟空间中生成有共享意义的，甚至有着独特"人文"和"历史"景观的"地方"（place）。

表 5.2 现实和虚拟中"地方/无地方/非地方"的概念、特征和例证

	概念	特征	传统例证	新媒体例证
地方（Place）	有意义的空间，有着独特的人文和自然景观以及圈内人	有历史的、文化的、独特的自然与人文历史景观和根植性的内在人	家族大院、村庄、乡镇、竞技场（如足球场等）	多人在线游戏空间、多人在线虚拟现实空间
无地方（Placelessness）	标准化的、均质化的失去意义的地方，缺乏独特的人文景观和圈内人	标准化的、均质化的空间，缺少独特的人文景观和地方文化以及根植性的人	酒店、主题公园、游乐场、办公大楼	单机版虚拟现实游戏空间
非地方（non-place）	单一的、同质的人造景观，单一的结构功能体	单一的功能结构、主要为实现旅客的某一功能需求，缺乏独特的自然和人文景观	高速公路、加油站、桥梁收费站、停车场、街道	浸入虚拟现实后的物理空间如电影《头号玩家》中放置虚拟现实设备的狭窄车库

（3）一些参与者也意识到虚拟的"空间性"可能对浸入者身体经验具有"欺骗性"。浸入者佩戴感官设备，如头戴式显示器、数据手套乃至可以提供空间行走能力的"仓鼠笼"。这些感官设备部分或完全覆盖人的身体感觉通道。因此物理空间在满足基本的技术和实体空间需求后，和浸入者的感官完全隔离。物理实体空间湮灭了所处物理空间的全部符号意义，造成物理空间蜕化为"非地方"。类似的景观描绘在诸如《黑客帝国》等反乌托邦的文学文本中早有出现。

三、作为身份置换的身体经验

虚拟现实环境参与者由于通过头戴式显示器而获得天然的"第一人称"视

角,并借由其他辅助的身体交互设备(手持控制棒、数据手套等),最大限度地将参与者的身体经验平移至虚拟环境中。从而形成对于新身份的代入和认同。在本研究选择的游戏文本中,关于身份置换最具标志性的典型段落,应为如下"照镜子"情节(见图5.2):游戏主角在虚拟世界中完成蝙蝠侠全套身体装备的佩戴后,从眼前升起的镜子中看到自己脸的时候,多数参与者在此阶段都表现出较大的震惊反应,并尝试通过改变自身头部的姿态去"试错"虚拟镜子中的蝙蝠侠是否也会有相对应的姿态变化。因此,围绕着身份置换的主题,参与者的讨论集中在身份置换带来的自我身份认同和满足(self-esteem boosting)上,也涉及女性参与者使用男性虚拟角色带来的"性别跨越"(Gender Swap)等问题。

图 5.2 游戏中虚拟身份的同步化"校准"(calibration)

案例一:

研究者:在"照镜子"的时候感觉怎样?

参与者:是一种重新认识自己的那种感觉,其实是有一点惶恐的,但整个心里是惊喜的。我一开始是不知所措的,所以赶紧左右摇晃了一下自己的脑袋,当我发现"镜中我"也在同步摇晃的时候,我马上相信了,确认镜子里面蝙蝠侠的脸就是自己。感觉到很震撼,很惊喜。

研究者:镜子中的我和现实的我有什么区别?

参与者：突然感觉被强化了。我觉得 VR 能够帮助我们完成一种自我实现。平时看电影是你看别人的故事，但是在这里你自己就成为了一个超级英雄。

（男性，21 岁）

案例二：

"照镜子"的时候，它可以无延迟地在镜子面前反映你的举动。我刚才就是在那跳舞，镜子里的"我"也在跳舞。你做什么"他"就做什么。在真实世界里，我们在镜子里面认识自己的时候不就是这样的一个过程吗？有的动物，或者是小孩子没有办法在镜子中辨认出自己，因为他可能还没有自我的意识和概念。当你发现里面的人和你做一样的事情的时候，你可能就有这个概念，觉得好像"他"是你，或者"他"是受你控制的，"他"就是你在这个游戏里面的化身。但是当你以第一视角去看的时候，"他"就不再是你的化身，就变成你自己了。

（男性，19 岁）

案例三：

整个过程最好笑的一点是：角色是男性，而我（参与者）是女性，因此当我用蝙蝠侠的身份在"镜子前"跳了一段 PPAP（日本网络热门歌曲）的舞蹈时，简直太喜感了。

（女性，20 岁）

从虚拟现实这种沉浸式传播环境参与者的经验看，身份置换的身体经验有以下特点：

（1）在游戏研究中，虚拟化身（avatar）不仅仅是用户进入虚拟世界的手段，并且也是用户自我表达的方式。传统上，网络游戏和虚拟现实社区都提供了一整套复杂的虚拟化身形象的设定系统，包括种族、性别、体型、发型、穿着等。虚拟化身的设计弹性就决定了个人表达的方式和空间。巴尔金（Balkin, 2004）认为，虚拟化身的设计者将自身关于身份与身体的想象投射到设计之中，因此虚拟化身为"有意为之的身体"（intentional bodies）。埃斯塔洛（Estallo）基于强化理论（reinforcement theory）认为，玩家可以通过游戏中赋予的符号意义提升自我认同和自尊（self-esteem）。[1] 莫里斯（Morris）则认为，在游戏中，

1　Estallo J A.Los videojuegos, juicios y prejuicios. Madrid：Planeta Publishing Corporation，1995.

身体经验的平移一方面降低了学习交互规则的技术门槛，另一方面也赋予了在给定技术胜任度（technological capacity）之内的自由度。[1]

（2）研究通过访谈，可以发现虚拟现实游戏参与者对于自己新身份的认同感建立是一个从怀疑到求证，直至最终确认的动态过程。第一位受访者用库利的"镜中我"概念，描述他是如何通过自我认知确认新身份的。第二位玩家则详细描述了自己，从低头看到"自己"的"手脚"，到镜子中的倒影，再到通过动作交互的方式确认自己对虚拟身体的控制权，不断地修正对于新身份的认同度。最终确认"他不再是化身，就变成你自己了"。

（3）身份置换后，参与者的身体经验会加入身份的投射。即按照共享文化意义中关于角色身份的身体设定，进行身体表达。如本研究中，参与者会下意识地模仿符合角色设定的身体语言，而开发者也会利用角色身份认知中的身体表达，予以技术性的设定与回应。但同时也必须看到，由于身体语言和身份置换本身的开放性，也有参与者故意以"搅局者"的方式逆向而为，也为角色的身份和身体表达提供了"反向文本"的例证。

四、作为情感主体的身体经验

参与者的情感经验研究是情感游戏研究（affective gaming）的重要内容。有学者通过研究将游戏唤起的情绪分类为开心（Joy）、愉悦的放松（pleasant relaxation）、愤怒（anger）、恐惧（fear）、沮丧（depressed feeling）和存在感（sense of presence）。[2]有学者对游戏中的情感唤起程度进行测量，如赛克斯和布朗（Sykes & Brown）就通过玩家对交互设备（如键盘、手柄）按键力度的记录来测量游戏参与者情感投入的程度。[3]更有学者通过面部肌电图（EMG）识别并记录儿童在游戏过程中的面部表情，从而研究互动游戏过程中情感经验的时间变化。[4]拉瓦加和图尔佩宁（Ravaja & Turpeinen）等通过实验测量发现，在参与竞争性游

---

1 Morris S.Online Gaming Culture: An Examination of Emerging Forms of Production and Participation in Multiplayer FirstPersonShooter Gaming.available on gameculture website, http://www.gameculture.com/articles/onlinegaming.html, Accessed 1999, 3（8）: 1.

2 Ravaja N, Saari M, et al. Spatial presence and emotions during video game playing: Does it matter with whom you play? .Presence: Teleoperators and Virtual Environments, 2006, 15（4）: 381-392.

3 Sykes J, Simon B. Affective gaming: measuring emotion through the gamepad. CHI'03 extended abstracts on Human Factors in Computing Systems, 2003.

4 Hazlett R L.Measuring emotional valence during interactive experiences: boys at video game play.Proceedings of the SIGCHI conference on Human Factors in Computing Systems, 2006.

戏的过程中，游戏参与者的社交属性也影响游戏的情感唤起度。[1]相较于普通游戏或媒体内容而言，虚拟现实游戏由于参与者的身体感官和身份投入程度更高，因此在本次研究中，对参与者在虚拟现实浸入式传播环境中的情感经验是深度访谈中常常涉及的问题。其中一些代表性的讨论案例如下：

参与者一：因为我在现实生活中有一点点恐高。所以当我爬到虚拟世界里那个高楼栏杆边时，我当时确实是感到恐高了，脚底发软，非常可怕。

参与者二：不少VR的叙事元素都用了恐怖情感的经验。现在最好的感官体验都是恐怖类的游戏、惊悚的游戏，我自己玩的时候差点吓死。看恐怖电影的时候看到恐怖情节还可以用手捂住眼睛。在虚拟现实中头戴着设备，没法捂眼睛。因此只能吓得差点把头戴式显示器摘下来扔掉，浑身大汗。

参与者三：从生物学的角度来说，恐怖类经验产生的成本最低。可能因为是进化心理学中人生存的第一要义是活着，所以产生恐怖这种心理刺激的成本相对来说很低。

参与者四：更高级的情感，比如说伤心，甚至比如说开心都不是那么容易被制造出来的。我突然想到要怎么样达成更高级情感的VR，因为我想到哈利·波特里面，第一集就是哈里看到那个他想看到的东西——那面镜子，然后里面出现了他的父母就站在他身后。如果VR能够达到那种结合我们个人经历，比如提前上传我们的个人照片，或者通过摄像头3D建模虚拟NPC的形象，来营造与真实经验相关的、定制的那种VR文本，就有可能体验到更高级的情感经验。

从虚拟现实沉浸式传播环境的参与者的经验看，作为情感主体的身体经验有以下特点：

（1）与一般的游戏相比，参与者普遍反映虚拟现实环境中的情感经验更加"浓烈"。这归因于虚拟现实的技术使得参与者获得更多的直接情感刺激，从而引发更加强烈的情感体验。如一些参与者说到自己明显感觉到"兴奋""心跳加

---

[1] Ravaja N, Salminen M.et al.Emotional response patterns and sense of presence during video games: Potential criterion variables for game design. Proceedings of the third Nordic conference on Human-computer interaction. 2004.

速""太刺激""目瞪口呆"等。一方面是被虚拟现实技术创造的空间奇观所震撼，另一方面也来自全感观的刺激。

（2）在所有的情感经验中，"恐惧"的经验在虚拟现实的沉浸式体验中最为凸显。无论是在虚拟的高空经历恐高感，还是在原地坐虚拟过山车体验重力失衡，抑或通过情景化的叙事营造虚拟环境中的恐怖气氛，此类恐惧感在虚拟现实的身体经验中最为突出，也常常被开发者予以充分利用。这可能来自恐惧本身的唤起阈值相对较低，更多是来自生理性的应激反应，更能凸显虚拟现实感官刺激所能诱发的心理结果。但随着虚拟现实在技术能力、叙事开放性和互动性方面的提升，其他更高级别的情感经验也将会成为浸入者主体经验的重要部分。

五、作为虚假记忆的身体经验

虚假记忆（Pseudo memory）在认知心理学中是指由于媒介内容的呈现方式和人类认知的过程特征所形成的对于未曾发生过事件的不真实回忆。[1] 在认知科学领域，关于媒介内容呈现和阅听方式对虚假记忆形成的关系已有诸多研究。[2] 在本次研究中，关于"虚假记忆"的探讨是参与者在深度访谈和小组讨论中自然生发出的主题。其中一些代表性的讨论案例如下：

> 参与者一：虚拟现实游戏和其他游戏的一个重大差别是，当我在传统的二维游戏中玩蝙蝠侠游戏的时候，我的记忆中是我在玩一个游戏。而在虚拟现实中玩蝙蝠侠游戏，我的记忆中是我在某种程度上真的"成为"了蝙蝠侠。其中第一人称的视角、故事的情节、各种感官的刺激、身份的带入都让我的游戏经验和真实经验很难区分。
>
> 参与者二：我认为最大的差别是：VR提供的记忆或者经验都是断点的。我这样说的原因是，比如说我去看一场演唱会，真实世界里是由一系列周边事件

---

[1] Loftus E F, Jacqueline E P. The formation of false memories.Psychiatric annals，1995，25（12）：720-725；Loftus E F.Creating false memories.Scientific American，1997，277（3）：70-75.

[2] Hyman I E, Husband T H, et al.False memories of childhood experiences. Applied Cognitive Psychology，1995，9（3）：181-197；Pezdek K, Finger K, et al.Planting false childhood memories：The role of event plausibility. Psychological Science，1997，8（6）：437-441；Porter S, John C Y, et al.The nature of real, implanted, and fabricated memories for emotional childhood events：Implications for the recovered memory debate.Law and Human Behavior，1999，23（5）：517-537.

（如抢票、怀着激动的心情等待很多天、出行、入场等）和核心事件（听演唱会）组成的。而在虚拟现实中的事件，如现在已经可以实现的VR演唱会，记忆是单场景、断点的。

参与者三：假如说我戴一个VR头盔，经历了一次跳伞，这次跳伞给我的感觉就是我真的觉得我就是在跳伞，我觉得这段经验可以被视为一段真实的经验。因为VR里可以营造恐高感、可以营造失重感，当所有的感官都可以通过人造方式模仿，那么真实和虚假的经验记忆就没有差别了。

参与者四：因为决定你记忆深刻与否的并不是事件本身，而是因为它的很多细节，很多周边一些辅助的因素。单纯论跳伞这一项，可能比起来，你觉得真实的是，你在眼前各种景物飞逝而过的那种观感；让你记得更深的，可能是你落地那一下子，腿磕了一下子的疼；还有那个伞绳勒在你身上不舒服，我觉得这个可能是让你更深刻的。《蝙蝠侠》中，可能它给我留下记忆最深刻的最终只剩下一点：就是我蹲在地上看到的叶子。

记忆来源于亲身体验或媒介经验的不同渠道，如电视、想象、文字阅读和亲身参与的事件等。但根据源检测框架理论（Memory Source Monitoring）[1]，人类并不会通过对记忆加注标签的方式来确认其源头，而是通过试错排除法的心理机制进行确认。因每种经验来源都会使得相对应的记忆有着完全不一样的特征，从而可以通过记忆的细节特征反推其来源。如通过读书获得的记忆信息，一定在可视性上弱于电影的记忆，更不如亲身经历所获得的记忆细节更丰富。因此，可以通过记忆的细节特征反推这段记忆的来源是哪里。此外，有研究者还发现，人们还可以通过记忆所需要调动的认知能力（cognitive effort）资源来判断记忆来源。对于真实发生在现实世界中的事件，人无须刻意调动太多的认知能力即可获得形象且丰富的经验记忆，而对于来源于图书、报纸的非一手信息，则需调动大量的阅读、理解、重组等认知资源才能获得相对丰富的经验。

从虚拟现实沉浸式传播环境的参与者经验看，作为虚假记忆的身体经验有以下特点：

---

[1] Johnson M K, Hashtroudi S, et al. Source monitoring.Psychological Bulletin，1993，114（1）：3.

（1）虚拟现实的身体感官经验和无边框感的呈现方式，根据源检测框架理论，参与者在推断记忆来源时，虚拟现实空间内的记忆特征在很大程度上与真实物理世界中的记忆特征相似，这可能会增加虚假记忆出现的概率。

（2）由于虚拟现实相较于其他媒体提供了更加直接的感官经验，因此在记忆调动的过程中，参与者只需调动较少的认知能力和认知资源即可轻松回忆身体经验中的感官刺激、空间安排、身份替换，而无须通过更费脑力的理解重组才能完成，因此，虚拟现实同样增加了虚假记忆出现的可能性。

（3）有学者研究视觉传播与虚假记忆的形成，结果表明：图片内容与文字相比提供了更加丰富的认知信息（perceptual information）、更多情景化的细节，信息呈现上更具备欺骗性，同时人们更容易将其来源错误地归因为亲身经历。与一般的文字性媒介内容相比，图片内容更容易在被试中创造出虚假记忆。因此提出，虚假记忆的形成与媒体形态的丰富性（Richness）有着正向关系。而虚拟现实与以往所有的媒体相比，能提供最为丰富的认知信息，包括听觉、视觉、触觉等。因此虚拟现实的记忆信息更加具备"欺骗性"，也提供了更多情景化的细节。

结 论

本章的研究以索尼公司 PSVR 主机与 PlayStation 商店最畅销的《蝙蝠侠：阿卡姆（VR）》为个案，以积极的玩家视角（active user perspective），讨论了在虚拟现实的沉浸式传播中，参与者身体经验的类别和结构关系。本章将沉浸式传播中参与者的身体经验分为感官体验、空间实践、身份替换、情感主体和虚假记忆五个方面，并试图建立这些身体经验的结构性关联。一方面，对于新兴的媒介技术而言，受众研究是较为现实的实证性研究的切入点；另一方面，在研究方法选择上，作者也有意识地回避了实验心理学的行为主义或实验法，而注重受众/玩家的主观性诠释，因而选择了身体经验作为选择性编码，统领研究主题。由于研究的样本选择和焦点小组能力所限，因此研究讨论的部分主题或可由其他研究者进行更多的实证性研究。

第六章 主体、动机和独特性：初代元宇宙的虚拟经济研究

　　虚拟世界经济（virtual economy，或synthetic economy[1]）是在虚拟现实世界和多人在线角色扮演游戏中新兴的一种经济体系，通常来说主要指游戏内部虚拟物品的交易。虚拟世界经济不同于虚拟经济（Fictitious Economy）、可视化经济（Visual Economy）等概念，后者通常指的是证券、期货、期权等虚拟资本的交易活动。本文所讨论的虚拟世界经济是存在于虚拟世界中的新兴经济，通常是在网络游戏环境中出现的，在MUD和大型多人在线角色扮演游戏（MMO或MMORPG，Massive Multiplayer Online Role-Playing Game）中最早观察到虚拟世界经济的存在。"大型多人在线"的计算机系统是大规模建立虚拟世界经济的先决条件。

　　人们参与虚拟世界经济的主要目的是娱乐、社交，而非出于物质消费。但这并不能削弱虚拟世界经济的真实影响。随着技术的发展，虚拟世界的范围正在迅速扩大，逐渐从大型多人在线游戏扩展到生活模拟游戏，直至扩展到元宇宙的虚拟世界。与此同时，在这些与真实世界紧密相连的虚拟世界中，人们进入虚拟世界的意图也发生了相应的变化，从娱乐目的转向真实的经济利益。随

---

[1] 这里的虚拟世界经济是Virtual economy，与相对实体经济而言的虚拟世界经济（Fictitious Economy）不同。后者是经济虚拟化（西方称之为"金融深化"）的必然产物。经济的本质是一套价值系统，包括物质价格系统和资产价格系统。与由成本和技术支撑定价的物质价格系统不同，资产价格系统是以资本化定价方式为基础的一套特定的价格体系，这就是虚拟世界经济。由于资本化定价，人们的心理因素会对虚拟世界经济产生重要的影响；这也就是说，虚拟世界经济在运行上具有内在的波动性。广义地讲，虚拟世界经济除了目前研究较为集中的金融业、房地产业，还包括体育经济、博彩业、收藏业等。

着网络游戏产业在全世界迅速崛起，虚拟世界中大量的交易活动作为一种经济现象也开始引起经济学家的关注，印第安纳大学的教授爱德华·卡斯特诺瓦（Edward Castronova）早在 2001 年就估计，虚拟世界经济交易额已经达到 2 亿到 10 亿美元。[1] 此后，虚拟世界经济随着虚拟现实产业发展的起伏螺旋式上升。在元宇宙的概念再一次兴起后，元宇宙中的经济体系也再一次成为业界和学界关注的焦点。

总体来说，玩游戏期间收购的资产是虚拟世界经济的支柱，这些虚拟资产随后在互联网上被出售给其他正在寻求竞争优势的游戏参加者，换来真金白银。[2] 虚拟世界经济的出现已经如此深刻地改变了我们的生活，虚拟世界中供需关系的存在也催生了更多网络社会的生财之道。在简单的生产、销售之外，一套日渐复杂的虚拟金融体系也在逐渐成形，并越来越多地和现实生活中的财富搭上关系。而在《第二人生》中存在的以"真实的"电子货币为中介的、"真实的"电子产权交易，不断地模糊着游戏与人生、虚拟与现实之间的界线。

第一节　初代元宇宙《第二人生》的经济结构

根据林登实验室的数据，从 2005 年到 2009 年，《第二人生》的经济体取得了显著的增长。2005 年 9 月，《第二人生》的内部经济活动交易额就达到 3 596 674 美元[3]；到 2006 年 9 月，虚拟世界经济的 GDP 达到 6 400 万美元。[4] 此后，《第二人生》中用户对用户的交易额从 2007 年的 33 300 万美元增长到 2009 年的 56 700 万美元，占据美国虚拟物品市场份额的 25%，虚拟居民收入总量（Gross Resident Earnings）比 2008 年增长 11%，达到 5 500 万美元。[5] 货币的供

---

[1] Castronova E.Virtual Worlds：A First-Hand Account of Market and Society on the Cyberian Frontier.CESifo Working Paper 618, 2001 December.

[2] Castronova, Edward. "Virtual worlds：A first-hand account of market and society on the cyberian frontier." Available at SSRN 294828（2001）.

[3] Reiss S.Virtual economics.Technology Review, 2005, 12（2006）：1.

[4] Newitz A.YOUR SECOND LIFE IS READY：Residents of one of the Internet's most populous virtual worlds shop, attend class-even run businesses. Soon you may do the same.Popular Science, 2006, 269（3）：74.

[5] Second Life economy totals $567 million US dollars in 2009 — 65 % growth over 2008, http：//community.secondlife.com/t5/Featured-News/bg-p/blog_feature_news.

应量为 2 600 万美元，每年每 1 美元货币在流通中平均流转 20 次。虚拟居民拥有土地总面积从 2007 年的 9.84 亿平方米增长到 2009 年的 18 亿平方米。这些数字说明，《第二人生》的经济体系不仅非常活跃，而且总量也非常惊人。

虚拟世界经济主要由三个市场门类组成：虚拟土地市场（包括二级市场）、虚拟物品和虚拟服务消费。虚拟土地的二级市场主要是源于虚拟土地的管理和开发工作；消费者经济主要基于居民社交和拥有虚拟物品的需求；虚拟企业主要包括大量现实世界的真实企业、非营利性机构、教育机构以及政府机构，它们进驻《第二人生》进行营销、交易、教育、社交、远距离合作等。《第二人生》的基本市场是虚拟居民（或用户）在虚拟的自由市场中对虚拟服务和虚拟物品自由进行的生产和交易。这些虚拟物品包括虚拟建筑物、虚拟服饰、与虚拟人物属性相关的物品（如发型、皮肤、饰品等）、虚拟宠物，或者虚拟雇佣关系，如虚拟商店管理、销售等。

一、虚拟货币及其实质属性

纽约大学 29 岁的研究生乔舒亚·扎维尔（Joshua Zarwel）过去几周一直忙着向他开的虚拟银行 SL Bank 的储户返还真钱。2006 年开业的 SL Bank 年利率一度高达 24%~30%，而美国的大多数现实银行，存款利率还不到 5%。扎维尔的虚拟形象 Teufel Hauptmann 利用这些存款（平均每位储户的存款额为 25 美元）在《第二人生》的外汇交易所 LindeX 买卖林登币。他表示，外汇交易让他赚了大约 1.5 万美元的真实利润。他说："开始时这是个爱好，不过慢慢地包含了越来越多的东西。如果没有金本位制，林登币比《魔兽世界》中的金币真实不了多少。"[1]

《第二人生》拥有自己独特的经济体系，并且流通着虚拟货币"林登币"（Linden Dollars，L$）。林登币是在这个虚拟世界内的通用货币。在虚拟世界内，林登币可以用于支付虚拟物品交易和虚拟服务。居民可以自由买卖林登币，并且可以将其兑换成真实货币。根据林登实验室的用户条款，《第二人生》中的虚拟货币仅仅是"有限许可证，不具备林登实验室债券的价值属性"。因此，用户

---

[1] WJS：Cheer Up, Ben：Your Economy Isn't As Bad as This Onehttps：//www.wsj.com/articles/SB120104351064608025.

对林登币并无债权意义上的法律权利。林登实验室也一直否认虚拟货币具有任何价值，也不具备兑现或其他能力。因此，林登币从法律意义上来讲，仅仅是授权的内容（licensed content）。尽管在法律上处于灰色地带，但事实上林登币是《第二人生》经济体系中的核心部分，也是《第二人生》在整个在线虚拟现实市场中的核心竞争力。

早在 2001 年，《无尽的任务》（Ever Quest）的玩家布罗克·皮尔斯（Brock Pierce）和阿兰·德博纳维尔（Alan Debonneville）就成立了一个名叫网络游戏娱乐有限公司（Internet Gaming Entertainment Ltd.，IGE）的公司，专业从事虚拟货币和真实货币的兑换交易。该公司在中国香港成立了办公室，专门招徕人员为游戏玩家提供虚拟货币和物品的服务。这种新兴的市场和经济模糊了虚拟和现实之间的界限。随后，大量类似的公司纷纷涌现，一些公司只针对某特定的游戏提供虚拟物品和货币服务，而另一些公司则针对不同的游戏平台提供不同的服务。2004 年暴雪公司推出《魔兽世界》并获得了巨大的市场成功，也创造出许多新的市场机会，《魔兽世界》中金币交易的网站大量涌现，虚拟世界中的商业机会迅速发展成为价值数十亿美金的巨大市场。

《第二人生》刚开始时并没有官方的虚拟货币交易场所，是市场自发形成的，这跟美国证券交易所的历史相同。换言之，在政策和立法未行之前，只要有市场存在就有交易。虚拟世界的经济史就是一部"正在缩写的市场经济的进化史"[1]。

尽管林登实验室实行林登币和美元挂钩的汇率，但林登实验室每个月都会进行福利性的虚拟工资发放，新用户可以收到 250 林登币（L$）的起步资金和每个月 50 林登币的工资，而发行货币完全是无中生有的行为，因此可能会导致《第二人生》中的通货膨胀、经济衰退乃至虚拟世界经济体系的崩溃。鉴于此，林登实验室随后开始逐步紧缩其每个月免费分发给用户的工资数量，直至每个月的工资收入发放行为完全停止。

居民可以直接通过客户端购买虚拟货币林登币，或通过林登实验室的货币交易机构林登贸币交换所（LindeX Currency Exchange）实现林登币和美元之间的自由兑换，美元对林登币的汇率一度非常平稳，几乎很少波动。从 2008 年 2

---

[1] 互联网周刊：《虚拟的现实世界》http：//tech.sina.com.cn/i/2007-04-06/18041453432.shtml，2007-04-06。

月到 2011 年，汇率一直维持在 1∶270 到 1∶250 之间。除了官方的 SLX 外币兑换市场外，《第二人生》还有一些独立的第三方货币兑换公司，如 ACE、BNTF 和 VirWox（见图 6.1），在那里汇率为每 L$275~285 兑换 1 美元。汇率差异的可能原因是官方的 SLX 外币兑换市场需要 5 个工作日才能完成从虚拟货币到美金的兑换提取工作，而独立公司的效率要更高一些。

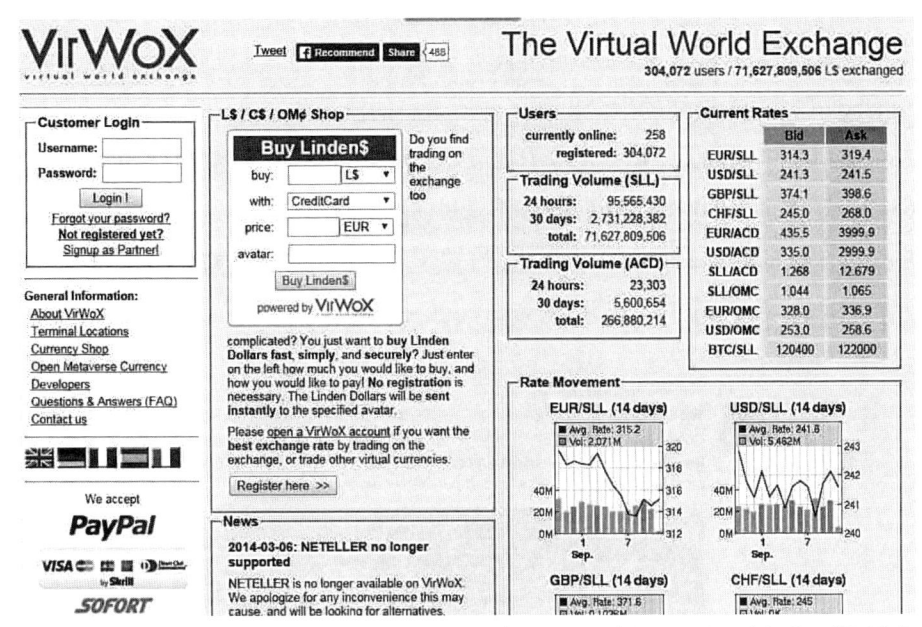

图 6.1　VirWoX 是一家成立于 2007 年的虚拟世界交易所，是专门用于购买虚拟货币的证券交易所。最初是用来交易《第二人生》中的林登币，此后业务范围衍生到包括比特币在内的多种网络货币，一度支持 PayPal 购买比特币

大型多人在线游戏一直以来就具有复杂的虚拟世界经济特征，玩家可以为他们游戏中的人物购买物品和技能。《星战前夜》(*Eve Online*) 是在一个封闭系统中运营的：玩家的 ISK 只能在虚拟的环境中使用，禁止兑换为现实世界的货币。违反规则的用户将会被封掉，尽管如此还是形成了虚拟货币黑市，用谷歌搜索一下"Eve ISK"就会列出成百上千销售 ISK 和其他虚拟货币的网站。[1]

---

[1]　见 http://article.yeeyan.org/bilingual/63527.

二、虚拟土地市场

2021年末，根据财经媒体的报道，虚拟地产开发商共和领域（Republic Realm）在其官方推特（Twitter）上确认了其以创纪录的430万美元购买了一块The Sandbox上的虚拟土地（见图6.2），这个价格足以在当时中国房价最高的"北、上、深"市中心买下两套房，甚至在一些城市买下独栋别墅也不成问题。市场公开信息显示，共和领域目前在19个不同的元宇宙平台上拥有大约2 500块数字土地。去中心化应用商店数据显示，在11月，如Decentraland、The Sandbox（沙盒）这样的平台出现了前所未有的流量和交易活动，虚拟土地交易量达到2.28亿美元，这是迄今为止最好的月份，比上个月增长近700倍，达688%。Decentraland & The Sandbox都是目前热门的元宇宙平台，两者在虚拟土地交易领域也蓄力了很长一段时间，后者在上个月刚刚获得新一轮9 300万美元的融资，由软银愿景基金领投。[1]

图6.2 虚拟地产开发商Republic Realm确认其以创纪录的430万美元购买了一块The Sandbox上的虚拟土地

这一波"元宇宙炒房"的财富神话却并非新鲜事物，早在2008年初代元宇宙中就经历过类似的迷思和泡沫。一位名叫钟安舍（Anshe Chung）的女性用户

---

[1] 第一财经：《疯狂的"元宇宙"炒房：有玩家囤了100套房，不到半年翻6倍》，https://baijiahao.baidu.com/s?id=1718938823913523323&wfr=spider&for=pc，2021-12-12。

通过买卖虚拟土地，成为第一个在虚拟世界赚取了百万美金的虚拟房地产公司。她也因此被称为"虚拟世界的洛克菲勒"[1]并登上了《商业周刊》《财富》杂志的封面（见图 6.3），成为新的财富神话。2007 年，钟安舍工作室被当年的世界经济论坛（World Economic Forum）评选为"世界经济的新冠军"（New Champion of the World Economy），论坛组委会形容钟安舍工作室对未来互联网产业有着深远的技术和经济影响，甚至认为她的公司在未来有可能成为财富 500 强企业。[2]《第二人生》中的不少人对她顶礼膜拜，当然也有人斥责她为投机获利，破坏了《第二人生》中的商业平衡。

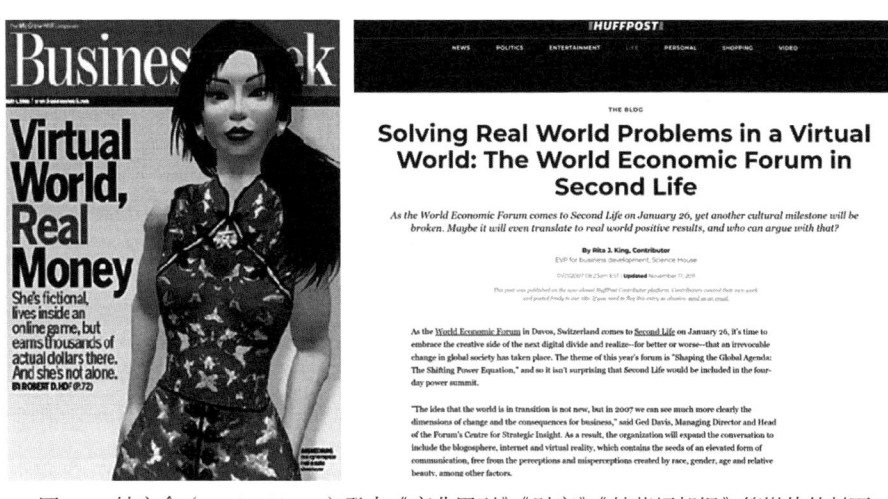

图 6.3　钟安舍（Anshe Chung）登上《商业周刊》《财富》《赫芬顿邮报》等媒体的封面

钟安舍是华裔女商人 Ailin Graef 在《第二人生》中虚拟替身的名字。她从 2004 年开始，在《第二人生》中开设公司进行虚拟土地的开发、租赁、买卖等服务，并取得了巨大的商业成功。2006 年 2 月，钟安舍在中国湖北开设了实体公司"钟安舍工作室"（Anshe Chung Studios，Ltd）。同年 9 月，钟安舍宣布自己成为第一个在虚拟世界中通过虚拟物品交易和提供虚拟土地及服务获得超

1　见 http：//money.cnn.com/magazines/business2/business2_archive/2005/12/01/8364581/index.htm？ cnn=yes.
2　SecondLife：Revolutionary Virtual Market or Ponzi Scheme？，https：//randolfe.typepad.com/randolfe/2007/01/secondlife_revo.html，2007-01-23.

过 100 万美元利润的个人。[1] 她公司的全职雇员超过 80 人，大多数都是计算机程序员和艺术设计师，为数家《财富》杂志排行前一百强的企业进行 3D 设计。2007 年 1 月，钟安舍工作室获得了 Samwer 兄弟投资公司的投资，占据了其公司股份的 10%。同年 9 月又获得格拉德温合伙人（Gladwyne Partners）公司的投资。

由于《第二人生》具有的空间性，所有的交互发生在虚拟的土地中，因此《第二人生》中存在虚拟不动产市场。所有虚拟土地都来自于林登实验室，其通过控制虚拟土地供应的方式来获得利润。但当虚拟土地进入市场后，就可以进行自由的交易和流通。《第二人生》居民通过土地交易获得了大量的收入。[2] 一块 256 平方米最佳地段的虚拟土地在《第二人生》中的售价约为 1 000 美元，每个月的租金费用为 350 美元。土地所有者每个月还要向林登实验室缴纳管理费用，所有的费用都必须用美元支付，这构成了林登实验室收入来源的重要部分。虚拟空间的市场本质上是 Web 3.0 时代三维虚拟平台的托管服务，与 Web 1.0 和 Web 2.0 时代的网址托管、邮箱托管、博客托管服务本质上是一样的。

三、虚拟赌场和银行业

"由于《第二人生》的参与者来自世界各地，而世界各地有关赌博的法律规定千差万别，公司决定采取更宽泛的措施，禁止所有的赌博游戏。"林登公司负责市场以及业务发展的高级副总裁罗宾·哈珀用她的网名罗宾·林登在公司的博客上这样写道。[3]

《第二人生》中的赌博业发展一度势头迅猛。尽管林登实验室并未开设官方赌博机构，但《第二人生》中的私人和地下虚拟赌场依然蔓延开来。而与此同时真实世界的赌博业却受到美国政府的打压。仅仅在 2006 年，美国政府已经逮捕了多名海上赌博网站的管理人员。当年美国博彩业协会发布一份报告称，虽

---

[1] "Anshe Chung Becomes First Virtual World Millionaire". Anshe Chung Studios. 2006-11-26. Retrieved 2007-01-05.

[2] Paul S. The Virtual Rockefeller: Anshe Chung is raking in real money in an unreal online world. Business 2.0.2005-12-01. Retrieved 2007-05-29.

[3] Second Life shuts down virtual world casinos，https://www.smh.com.au/national/second-life-shuts-down-virtual-world-casinos-20070728-gdqq91.html.

然美国禁止公民参与网络赌博活动，但美国人去年投入网络赌博的赌金却高达40亿美元以上。[1] 此后，美国国会对国内的网络赌博情况展开为期一年的调查，大多数律师认为，用林登币进行赌博可能违反了美国的反赌博法令。

迫于压力，林登实验室邀请联邦调查局调查《第二人生》中的虚拟娱乐场所，并随后宣布在《第二人生》中全面禁止赌博，包括二十一点、牌九、扑克、轮盘赌，以及吃角子老虎机都在被禁之列（见图6.4）。如有玩家违反规定，公司可删除违规内容、冻结或终止相关账户，甚至可能报告玩家所在地的管理当局。另外，林登实验室也表示将持续关注该决定的具体效果，有可能随时根据具体情况采取进一步的措施。[2] 此举对于很多通过在虚拟世界岛屿上办赌场盈利的投资者来说，意味着不小的经济损失。安东尼·史密斯是一位英国的玩家，他花费了100万林登币（折合3 800美元）才建立起虚拟世界里的赌场。而对于林登实验室来说，也是断了一条重要的生财之道。损失的不仅有可观的货币兑换利润，还包括游戏中小岛的丰厚租金。

图6.4　林登实验室宣布在《第二人生》中全面禁止赌博

周日晚上，女性形象的虚拟居民UpMe Beam走进了一家名为BCX的《第

---

[1] 新华网：美国人去年网络赌博高达40亿美元 http://news.xinhuanet.com/newscenter/2006-05/24/content_4594276.htm.

[2] 见 http://games.sina.com.cn/o/n/2007-08-06/1046208109.shtml.

二人生》虚拟银行，该银行大堂的指示牌上写着"目前不接受存款及支付利息"。UpMe Beam 表示，"人们都认为，由于损失的是虚拟货币，就可以对这一切不负责任，但别忘了，这些都能兑换成真金白银"。真实生活中的 UpMe Beam 是名男性，他称自己是注册会计师，曾为银行进行审计。他不愿透露自己的姓名。[1]

禁赌政策还导致《第二人生》中最大的私人银行 Ginko Financial 倒闭。Ginko Financial 是《第二人生》中历史最悠久的金融机构，成立于 2004 年，当时《第二人生》的总用户人数还不到 2 万人。此后，伴随着《第二人生》虚拟世界经济的增长，Ginko Financial 成为了最具实力的虚拟银行机构。但一直以来 Ginko Financial 被怀疑是一场典型的庞氏骗局，它为储户提供林登币的存储和投资业务，其存款利率高达每天 0.145% 或每年 69.7%。其高额的回报主要来自其在各大虚拟赌场中所设的借贷点。禁赌政策宣布后，该银行发生大规模挤兑，提款的要求远远超过其提现能力，有些玩家设法取出了他们的林登币存款，但更多的人发现他们无法从虚拟的 ATM 机上取款。这样一来，他们就不能将林登币存款兑换成美元，这在虚拟世界中引发了更大的骚动。Ginko Financial 随后宣布倒闭，所有未兑现的存款（大约价值 2 亿林登币，约合 74 万美元）被强迫转换为永久债券（Perpetual bond）。[2] 随后，林登实验室发布规定，只有在现实世界中拥有执照的银行才可以在虚拟世界中开设虚拟银行，进一步缩紧了虚拟金融的开放程度。[3]

由于林登实验室是《第二人生》的实际拥有者，并且对虚拟世界规则有最终的制定权和解释权，因此，林登实验室的政策制定会对《第二人生》中经济体系有着最直接、最大的影响力。一项新规定的推出和实施可能造就一个新的虚拟市场，也可能毁掉一个已有的市场。因此，林登实验室政策制定的透明度和民主程度一直是虚拟居民和商家关心的问题。出于产权安全和经济安全的考虑，商家在大规模的虚拟货币投资上一直小心翼翼。

---

[1] 见 http://game.21cn.com/online/industry/2008/01/28/4291962.shtml.

[2] 永久债券（Perpetual bond）是一种永恒的、没有到期日期的债券，也称为 Perp。因此，它可被视为一种股权，而不是债务。永久债券按期支付债息直到永远，发行人不一定要赎回。永久债券产生永远的现金流出。

[3] Second life：Linden Lab Official：Policy regarding inworld banks，http://wiki.secondlife.com/wiki/Linden_Lab_Official：New_Policy_Regarding_Inworld_Banks，2011-05-10.

四、税收

在《第二人生》中，我每个月的收入在 1 200 美元左右，每年报税的时候需要填写申报退税。我也不必在申请单上称我的公司为 CapEx（他在《第二人生》中的企业名），许多个人独资企业可以用任何名称报税，如所有人的姓名。那 CapEx 则可以视为该公司在虚拟世界中提供的服务名，而非公司名（CapEx 公司创办人 Carmen Dubaldi 访谈）。[1]

根据林登实验室的数据，仅仅在 2007 年有超过 3 000 名《第二人生》用户每个月可以挣到超过 1 000 美元。他们中的大多数来自美国，根据美国的法律，他们需要在报税的时候报告这笔收入。这些用户成立的公司性质属于个人独资企业（sole proprietorship）。根据美国税法，个人独资企业可以在拥有者名下或任何个人名下运作。企业收入可以直接保存在所有者个人的银行账户或独立账户中。企业可以在个人的家庭住宅中运作，也可使用独立的地址作为公司注册地址。在美国，大约 75% 的企业都是这类个人独资企业。其中一些是大型的企业，拥有成百上千名员工和真实的资产，但大多数则是单人家庭式企业。根据美国国内税务局（Internal Revenue Service，IRS）的数据，有 2 260 万个人填写个人独资企业的退税申请，总利润达到 2 645 亿美元，平均每家公司达到 11 700 美元。而 3 000 家月收入超过 1 000 美元（每年 12 000 美元）的《第二人生》虚拟公司的收入超过美国个人独资企业的平均收入水平。

2008 年初，林登实验室宣布开始对来自欧盟国家的用户征收增值税（Value-added tax）。用户在注册的时候会被要求填写自己所在的国家。如果是欧盟国家，就自动被系统列入征税名单中。系统会将申报地址与 IP 地址进行比对，倘若用户虚报自己所在国，系统会将该用户的账号列入监控名单，甚至暂停账号权限。处于增值税范围内的虚拟物品包括：高级账号注册、虚拟土地购买、虚拟土地租金、土地拍卖、私人区域费用、LindeX™ 货币兑换交易费等。[2] 在此之前，林登实验室承担了增值税的缴付。

---

1 http://www.hypergridbusiness.com/2011/05/no-happy-endings-for-virtual-investors/.
2 Second life：Value Added Tax，http://secondlife.com/corporate/vat.php.

新政策实施后，一些来自欧盟国家的用户宣称将离开《第二人生》以示抗议，或将自己名下的虚拟土地转移给来自美国的朋友，或参与不以欧元支付。一时间，来自美国的《第二人生》的居民成为许多欧盟居民的避税港。一些欧盟用户抗议，认为林登实验室在未通知的情况下，就向虚拟物品拥有者征收增值税违反了欧盟的法律。但事实上，欧盟规定增值税的有效征收范围包括商品和服务两种。2003年的法律直接对电子服务的增值税征收做出了明文规定：

欧盟法规（Council Directive）2002/38/EC，2003年7月1日起生效，针对电子网络上计算机服务征收增值税，包括信息、文化、艺术、体育、科学、教育、娱乐或其他相似服务。从生效之日起，上述服务将依据顾客所在地，而非服务商所在地进行征收。根据欧盟法规，上述服务被定义为"电子服务"或"电子化提供的服务"。该法规的实施将改变长期以来的竞争不公状况，确保欧盟和非欧盟国家在欧洲市场内遵从同样的增值税法规定。从该法规生效之日起，欧盟的电子服务提供商无须为其在欧盟国家以外的海外用户服务支付增值税。当非欧盟的电子服务提供商为欧盟顾客（非商业个体或组织）提供服务时，须同欧盟电子服务商一样缴纳增值税。[1]

五、虚拟股市

虚拟金融业存在的原因和真实世界中完全一样：对接资金和优势商业机会。例如，虚拟土地开发商试图购买一块虚拟土地，进而开发，再将其出售或出租。购买虚拟土地，再加上开发阶段所要承担的租金和管理费用使得一些虚拟土地开发商无力独自承担这笔费用。从现实世界中募款从事虚拟世界的商业开发目前尚无可能性，因此从虚拟世界中那些本身已经对虚拟世界经济体系和规则比较熟悉的人群中进行资金募集是比较现实和可靠的方法。同时，在虚拟股票中公开募股表明对《第二人生》世界的未来持乐观态度，也具有现实世界的新闻价值，是聪明的营销行为，同时也具备一定的娱乐价值。但虚拟世界经济和现实经济存在着天壤之别。最根本的原因是:《第二人生》没有提供虚拟公司登记

---

[1] European Union: "VAT on digital services". http://europa.eu/rapid/pressReleasesAction.do?reference=MEMO/03/142&format=PDF&aged=1&language=EN&guiLanguage=en, 2003-07-01.

注册功能，因此自然人和企业法人无法区分。此外《第二人生》中的匿名特性使得遇到争议时诉诸法律非常困难。

SLCapex 是《第二人生》中最大的虚拟股票交易市场。2007 年成立之初名为 Allenvest International Exchange（AVIX）。在机构说明上，它将自己的目标描述为：

专业从事股票交易及货币兑换。AVIX 是《第二人生》中领先的股票市场，为虚拟世界的投资者创造高质量和安全的环境，收取股票交易的 3% 和货币兑换的 0.5% 作为佣金而盈利。[1]

SLCapex 成立之时，《第二人生》对于虚拟在线商业活动的管理非常薄弱。林登实验室也不止一次表示过不愿意插手和过多地干预在线商业活动或纠纷处置，直到 2007 年出台禁止虚拟赌场经营和银行服务。这也标志着作为自由市场时期的结束。随后 SLCapex 把自己机构性质描述为：

一个虚拟的模拟股市，仅仅为了娱乐和教育目的，以 3D 虚拟世界《第二人生》的虚拟市场和虚拟货币为基础而存在。[2]

可是这一描述并非完全符合这样一个事实：参与者在虚拟股市的涨跌时盈利或损失的是可以兑换成美元的真金白银。SLCapex 也在其用户说明中警告：

必须要指出，SLCapex 设计和提供的是严肃的模拟。参与者所用的股票代表着《第二人生》中数量可观的投资。参与者的投资并非没有风险。你有可能损失你的部分或全部投资。[3]

在《第二人生》中，虚拟商业企业 IPO 的具体步骤如下：虚拟公司的 CEO 在 SLCapex 的网站上发布募股书，宣布发行的股份总数量和价格。一旦募股

---

[1] http://www.slcapex.com/symbol/SLCX/profile.
[2] http://www.slcapex.com/content/disclosure.
[3] 同上，加粗为原文。

申请通过，股份就可以通过交易转移到购买者账户下，而募集的资金则转移到CEO账户中。

作为虚拟世界中的虚拟股市，SLCapex和真实世界中的股市存在着巨大差别：首先股票发行人是虚拟居民个人而非公司实体。因此，股市筹集的资金将全部打入虚拟企业CEO的个人账户名下。SLCapex对信息披露没有强制性要求，也不要求提供经过审计的财务报告，这也为资金的安全性和虚拟上市公司运作的透明性带来了巨大风险。SLCapex中的股票没有任何真实资产作为支持，也没有具有法律效用的合同。事实上SLCapex中的虚拟交易一直处在一个法律的灰色地带，仅是由《第二人生》中的居民拥有并管理的虚拟股票市场。尽管对内幕交易及欺诈缺乏必要的管理和法律保护，但在《第二人生》的虚拟公司进行首次公开募股的时候，依然筹集到14.5万美元的股票。在股市的最高点总市值超过100万美元。

康奈尔大学商业模拟实验室的主任罗伯特·布卢姆菲尔德（Robert Bloomfield）曾经对《第二人生》2007年5月到2009年11月的股市进行跟踪调查（见图6.5）。但随后林登实验室的两项重大决策改变了股市的走向：（1）关闭虚拟博彩业；（2）对虚拟银行业的准入门槛进行严格限制，再加之公司管理层的一系列负面新闻和虚拟地价的下跌，到2009年底，研究表明投资者投资亏损率高达71%，24家虚拟股市中的上市公司退市，只剩下5家依然在虚拟股市中活跃。[1]

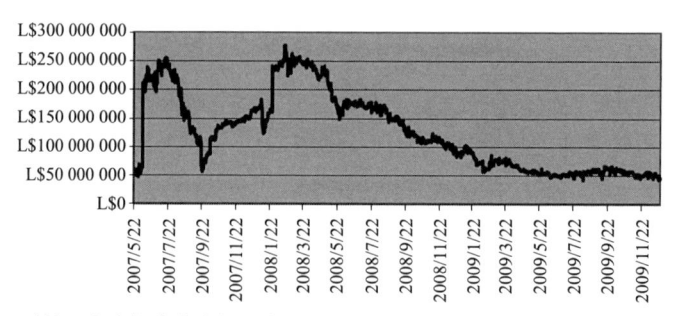

图6.5 《第二人生》中的虚拟股市SLCapex的总市值，1美元约等于275林登币
图片来源：Robert J.Bloomfield 和 Young-Jun cho，康奈尔大学

---

[1] Bloomfield R J, Cho Y J. Unregulated stock markets in Second Life.Southern Economic Journal, 2011, 78（1）: 6-29.

六、商业机构

越来越多的企业利用《第二人生》等虚拟世界进行产品设计、开发和测试，以节约成本。加州一家玩具设计公司小奇迹工作室（Little Wonder Studio）在以往设计玩具的过程中，需要使用 Rhino 4.0、3DS Max、ZBrush 和 Maxon Cinema 4D 等多款商业软件。然而，所有这些工作现在都可以通过《第二人生》中的免费工具来完成。该公司所有者罗伯特·库雷特（Robert Curet）表示，通过《第二人生》，他只需半小时就可以完成 3D 建模的工作，而以往这一工作需要一周的时间。完成建模后，库雷特只需再花一个半小时对模型进行贴图，并使用 Photoshop 处理，然后就可以将设计方案送往香港的工厂。[1] 在这些工作完成后，会有来自香港工厂的工程师通过《第二人生》与库雷特联系。双方将在《第二人生》中共同对虚拟模型进行评估。他们可以旋转模型，或是对模型进行拆解。随后，工程师能够制作出一个真实的产品，并且向库雷特提供准确的生产成本。库雷特表示："这一切都是免费的，并且很有趣，能够实现社会化协作。这使你能够在三维世界中回答很多问题，而这些问题难以通过平面示意图表示清楚。"

尽管一些人认为商业机构进驻虚拟世界最大的用处"无非是从虚拟世界的出场中获得一点广告效应、公共关系作用"，但事实上，虚拟世界中进驻的真实企业收获的机会要远远多于这些。一些企业将虚拟世界视为其扩展外延、接触特定用户群的最佳手段，如一些高科技公司用虚拟世界作为接触软件开发者的方法。虚拟世界工作带来的最大优势还在于，能够使更多的潜在用户与新产品互动，即使这些产品还没有被生产出来。

七、虚拟世界经济的独特性

在《第二人生》中，虚拟世界经济的信息除了系统推送和搜索结果排序的发布、过滤机制外，还由于所有的虚拟商家都是以地理空间形式存在的。《第二人生》中还存在着一种独特的营销方式，被称为"露营"（camping），居民可以根据商家的要求去特定的地点集合，或参与虚拟的活动等，根据参与时间的长

---

[1] 商业周刊：《第二人生》渐成商务平台，http://it.sohu.com/20080827/n259237273.shtml，2008-08-27.

短领取工资。这样做的原因被称为"绿点效应"：在用户操作界面上，可以看到整个虚拟世界的实时地图，其中每一个在线居民都以一个绿色的点来呈现。用户分布的可视化呈现使得只要看一眼这个实时地图，用户就可以知道哪里聚集的人多。因此更多的人就开始往那里聚合，数量会如滚雪球般越来越多。

《第二人生》中的商业在破坏性创新面前显得极其脆弱，其根本原因在于产品的边际成本为零。2007 年，钟安舍被《第二人生》中的商户指责以极其低廉的价格倾销虚拟家具，每件的价格仅仅是 10 林登币。钟安舍在《第二人生》中的主要收入来自原土地销售和租赁，但这次倾销行为对专业从事虚拟物品设计生产的商家造成毁灭性的威胁。[1] 2009 年，林登实验室宣布对《第二人生》交易市场 XStreet SL 免费出售的物品征收每件物品每月 99 林登币的费用，对低价出售的物品也采取类似的收费政策。该政策正是林登实验室为解决低价倾销虚拟物品问题[2]而推出的。

除此之外，林登实验室每周会向每一位居民发放固定的"工资"，《第二人生》内还有一些公益性质的组织向新加入的居民进行虚拟课堂的授课，讲解这里经济体系运作的方式，帮助新居民更好、更快地融入虚拟的社群中。但不断增加的虚拟货币总量引发了通货膨胀的忧虑。

第二节　虚拟消费

如上文所述，《第二人生》中的所有经济行为都不具备实体性物质基础，甚至不具备一般网络游戏中虚拟道具的实用性功能。从这个意义上来说，虚拟世界经济的基础是基于符号消费。在《后物欲时代的来临》一书中，郑也夫教授提出了同书名的概念"后物欲时代"。他认为，"一切生理需求都满足后，一切不适都消除后，机体将做什么？过去的回答是什么都不做，现在已经普遍认为这是错误的认识。温饱解决后，我们遇到了新的问题——空虚与无聊"。郑也夫提出后物欲时代的首要目的是对消费社会的批判，因为他认为消费社会将人们

1　http://www.slcapex.com/symbol/SLCX/profile.

2　https://blogs.secondlife.com/community/roadmap--managing-freebies-on-xstreet-sl.

排遣无聊的手段变成了扩大物资与资源的消费，因而形成了一个悖论：因为温饱问题，产生了空虚和无聊，我们却在解决温饱上面加大砝码，来应对空虚与无聊。

诚然，即使现在就断言后物欲时代的来临尚为时过早，但温饱问题、贫困问题依然是困扰世界绝大多数人口的首要问题。正如郑也夫教授所言，在历史的纵向纬度上，人类作为整体即将迈过温饱的门槛，我们正加速挺进。因此，"后物欲时代"是面向未来的研究。正如虚拟现实研究本身一样，郑也夫教授认为后物欲时代的一个重要特征就是：它是一个"游戏的时代"。那是因为："温饱解决以后我们将遭遇精神空虚，改善的办法是使精神充实起来。但是绝非简单的，同时也不同于过去的是，没有外在的压力（因为温饱的问题已解决）了，必须自己为自己充实。并且不是机会主义的、有病乱投医的……而是找到一种行为模式。"在郑也夫教授看来，游戏"是我们最好的选择，很可能也是我们最终的依赖。它是良性的刺激；被一个有深度的游戏俘虏，就不必再去寻找肤浅的刺激了。它是良性的，且因为它的成本小，它还是可持续的……我们始于游戏，终于游戏"。[1]

郑也夫教授的"后物欲时代"概念看起来与目前物欲横流的社会情形似乎格格不入，但在解释网络虚拟现实社区现象的时候却是恰如其分的。尽管郑也夫教授并未说明"游戏"的具体含义，但该书出版的 2007 年也恰恰是《第二人生》社区成长的第一个高峰期。在线虚拟现实社区和其他网络游戏的火爆在一定程度上似乎也印证了郑也夫教授的观察。尤其是在《第二人生》社区中，用户年龄大多在中年以上，属于个人的"后物欲时代"的精神生活匮乏期。在基本生活物质需求已经可以比较容易满足的前提下，追求新的"行为模式"成为不少人的心理诉求。

一、消费动机

美国心理学家亚伯拉罕·马斯洛于 1943 年在《人类激励理论》论文中将人的需求分为五种（见图 6.6），像阶梯一样从低到高，按层次逐级递升。这些需

---

[1] 郑也夫：《后物欲时代的来临》，上海，上海人民出版社，2007。

求分别为：生理上的需求、安全上的需求、社交需求、尊重的需求、自我实现的需求。要理解虚拟消费和现实消费的关系问题，我们必须首先厘清虚拟消费如何能够满足消费动机。关于消费动机有如下假说。

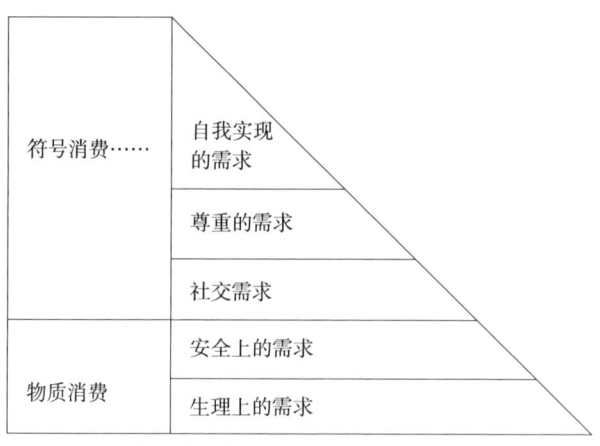

图6.6 马斯洛的人类五种需求及物质/符号消费的关系

（1）理性选择理论。理性选择理论来源于传统经济学，将消费行为视为以个人效用最大化为目标的理性选择结果，消费的目的是满足与生俱来的欲望。传统经济学认为消费者进入市场，带着内在的特定需求，不受社会互动或其他机构的影响。如托马斯·霍布斯（Thomas Hobbes）所言，消费是人性的一部分。如果将消费视作满足内在需求的话，那么消费行为和商品经济的发展无疑带有积极的含义。因为通过满足个人欲望，消费促进了人的自由。因此对于消费者的需求，成为消费者主权的概念。也正是消费行为将我们从每天枯燥乏味的工作中解放出来。同时，自由行使消费的权利也是从封闭的社会规范中解脱的方法，通过消费，人们可以暂时性地摆脱所处人群和社区的角色定位、角色期待和既有社会规范。在国富论中，亚当·斯密就指出增加个人的消费行为是所有经济行为的首要目的，从这个角度看，商业在满足消费者需求和提供信息上只是起到了辅助性的角色。

（2）满足被操控的欲望。对于消费者主权理论最大的质疑来自卢梭（Jean Jacques Rousseau）和约翰·加尔布雷斯（John Kenneth Galbraith）。[1] 他们认为消

---

1 Veblen T, Galbraith J K.The theory of the leisure class. Boston: Houghton Mifflin, 1973.

费并非本能需求的满足，而是被一系列欲望操控的结果。消费者主权理论和操控理论都认为消费是通过商业交易对人性的满足。但操控理论则认为大多数需求本身就是工业和商业机构人工制造出来的，而通常的操控手段包括产品设计、市场推广、广告等。操控理论认为，通过制造需求从而制造消费的过程，首先服务于产业和商业，其次才服务于消费者。而将该理论再向前推进一步，从法兰克福学派的角度来看，这样的人造需求的制造和推广是转移政治议题的社会控制手段。

（3）建立身份。理性选择理论和操控理论都将关注的焦点放在了消费行为的经济驱动上，其他的消费理论则更加关注社会、文化和心理因素。因此，消费行为的发生不再只是由于物品功能性作用的驱动，而是由于特定社会、社会组织或个人对该商品相关的价值定义。消费本身也是一种身份认同的建立和传播行为。例如我们开什么样的车，住什么样的街区，穿什么样的衣服都是个人身份的表达。玛丽·道格拉斯（Mary Douglas）等人类学者早就开始关注某文化中物品作为传播的功能。[1] 在匿名的都市环境中，消费行为是迅速分析一个人社会阶层的最直接手段。蒂姆·杰克逊（Tim Jackson）认为，通过消费可以识别社会群体，从而找到自身在该群体中的地位，并且将自己和其他社会群体区分开。因此消费不再是一种操控的手段，而是一种个体选择和自我表达的途径。[2]

（4）购买愉悦和体验。当代英国思想家柯林·坎贝尔（Colin Campbell）在《浪漫伦理和近代消费主义精神》中，将商品的消费视为消费者和物品之间动态的、浪漫化的关系。[3] 并认为人类的消费是一个发展的过程，逐渐由身体感官的享乐走向头脑的享乐，他称其为"二度享乐主义"。他认为，"消费活动的关键并不在于对商品的选择、购买或者使用，而在于在想象中追求享乐（pleasure-seeking）的过程"。正如人们逃离日常生活的常规，去迪士尼主题公园一样，虚拟世界用户进入了一个由幻觉、虚构、想象和白日梦般的情景构成的环境中。

---

1 Douglas M. A history of grid and group cultural theory.Toronto：University of Toronto，2007.
2 Jackson T. Live better by consuming less? : Is there a "double dividend" in sustainable consumption? . Journal of Industrial Ecology，2005，9（1-2）：19-36.
3 Campbell C.The romantic ethic and the spirit of modern consumerism. Oxford：Basil Blackwell，1987.

消费社会也反映了享乐主义的道德哲学对于商品非效用属性的强调。换言之，日常的消费行为也包括了购买快乐和体验。在这一理论看来，商品都具备实用价值和审美价值，因此寻找或购买商品的过程本身也可以是快乐的、愉悦的过程。在柯林·坎贝尔看来，消费者和商品的关系遵循着一套浪漫主义的循环：对于商品的渴求通过购买实现，但随着想象的幻灭（disillusionment），被更新的商品所取代。[1]

二、虚拟消费的动机

本研究也试图从上述的消费动机理论出发，结合"后物欲时代"的种种特征，分析虚拟世界中的消费动机和目的。

1. 满足消费欲望

虚拟物品的消费真的可以满足真实的消费欲望吗？虚拟世界的确无法满足人类生存最基本的消费需求，如吃、喝、穿、住等问题，但的确可以满足真实世界中无法满足的人类欲望。一些人认为在《第二人生》花林登币购物所带来的满足感和真实世界中花钱消费的感受类似。一位居民说："在虚拟世界中购物为我在真实世界中省下了很多钱，因为我的消费欲望在这里得到了充分的满足，而这里消费的开支非常少。"而爱德华·卡斯特诺瓦则分析这中间的原因：

当你购物的时候，愉悦来自不同的方面。首先，商品的实用性满足了你之前无法满足的使用需求；同时搜集关于商品的信息，并且最终做出购买决定的过程也充满愉悦，即在稀缺性的前提下作购买决定的过程很有趣味。第三点则是通过商品使用获得社会关注、评价等。[2]

这种满足感，同样可以在虚拟世界中通过虚拟消费获得。从物质的角度，也许很难理解这一现象，但从理性选择理论出发，用户花费了大量的时间和金钱从事虚拟消费本身就足以证明这种满足获取的有效性。理性选择理论将用户

1　Campbell C.The romantic ethic and the spirit of modern consumerism. Oxford：Basil Blackwell，1987.
2　Castronova E.Real products in imaginary worlds.Harvard Business Review，2005：20-22.

选择作为给定事实而并不探讨选择背后的动机问题，因此也就无法解释用户长期进行虚拟消费背后的消费动机。

也许现在就从消费者主权理论出发，从而推导出虚拟消费会降低现实消费尚为之过早。但虚拟世界经济的确已经对现实经济产生了巨大的影响，而这一影响却被大大地低估甚至忽略。卡斯特罗诺瓦将虚拟世界经济视作一种"时间消耗性的嗜好"，很难想象用户"每周花费60~80小时的时间从事一项经济活动，却对经济没有任何影响，无论是正面还是负面的"[1]。

但政府决策部门和实体商业（bricks-and-mortar business）都有可能会贬低这种消费的重要性和价值，因为虚拟消费极其有可能部分取代真实消费或传统经济增长。对于虚拟世界经济的重度消费者而言，他们的真实经济需求仅仅是"有足够的钱满足生存需求即可，如食物、水、简单的衣服和头顶上的屋顶"。这么看来，似乎可以说虚拟世界经济比实体经济更加"环保"，因为它既不需要从物理世界获取自然资源，生产和消费过程也不会产生污染和垃圾。

虚拟消费显然无法取代所有，甚至大部分消费需求。从消费欲望操控理论出发，虚拟世界也许正是这一操控行为的另一场所而已。对于大多数发展中国家来说，虚拟消费离他们的日常生活尚有太遥远的距离，因为这里的人们还在为了获取生存物资而挣扎。获得进入虚拟世界的设备，甚至计算机也都仅限于精英或富裕阶层。尽管《第二人生》本身的产品定位就是那些有着一定计算机技术的人们，但大多数居民都还是技术上非常粗糙的早期采用者（early adopter），因此虚拟世界经济的相关性可能并不广。从全世界范围来看，大致有17亿人可以划入"消费者阶层"——年均收入超过7 000美元，拥有电视机、电话和互联网接入能力。但伴随着总体人类社会的进步，虚拟世界经济的市场总量和影响力会越来越大。

2. 满足交流和符号性目的

理性选择理论无法解释人们为什么要消费，于是将消费选择视为给定事实，将选择的来源动机视为黑箱。在解释虚拟消费的动机问题上，人类学和心理学方法更加有效。

---

[1] Castronova E.Real products in imaginary worlds.Harvard Business Review，2005：20-22.

对于虚拟世界的用户来说，虚拟消费的最大吸引力在于创造替代性的社会互动空间，在这个空间中，参与者可以创造身份、形成新的社会关系。林登实验室一直强调《第二人生》并非游戏，其原因也正是出于此。将行为定义为游戏的意义在于表明该行为本身的目的是娱乐，在游戏规则下运作，并且没有道德后果。

《第二人生》当然也具备娱乐目的，林登实验室也制定了相应的"游戏规则"，如在虚拟世界中进行骚扰或破坏性行为的用户会被驱逐。但《第二人生》中存在着模拟现实世界的行为，并且这些行为会造成真实的、严肃的影响。正如上文所说到的真实世界政治宣传、大企业和非政府组织在《第二人生》中的进驻等。这些在线虚拟社区中的行为有时候会导致线下的社会影响。对于大多数《第二人生》的用户而言，他们参与虚拟世界的目的不仅仅是为了娱乐，更是为扩大他们的社交生活。与电影、电视和其他媒介的大众传播模式不一样，虚拟现实世界中包含着大量的交互。与 Web 1.0 和 Web 2.0 时代的互联网不一样，虚拟现实中创造了沉浸式的交互环境。

结　论

在《网络财富》(*The Wealth of Networks*)中，哈佛大学尤查·本科勒（*Yochai Benkler*）教授是这样描述虚拟世界的：

虚拟现实世界的开发商角色是为用户的叙事提供工具。理解虚拟现实的关键是用户可以创造精致的内容，而传统上这些内容是由专业机构生产的。但在虚拟世界中，这一功能是通过恰当的软件平台允许用户自己去讲故事，并经历这个故事。用户花费真金白银，去建构一种新的娱乐方式，替代传统上被动接受一个已经完成的、商业性的、由专业人士生产的产品。[1]

汤姆·伯尔斯托夫（Tom Boellstorff）提出的"创意资本主义"（creationist

---

[1] Benkler, Yochai. The wealth of networks. The Wealth of Networks. Yale University Press, 2008.

capitalism)[1]，指在新的全球资本主义市场和科技的结合下，出现的一种新的生产模式，如"创意阶层"（creative class）或"创意产业"（creative industries）。伯尔斯托夫将创意资本主义定义为一种资本主义的新模式，在这种模式之下，创意被视作生产力，自我满足成为生产的目的——一种游离于传统社会关系之外的、如同鲁滨孙漂流记般的个人生产方式（鲁滨孙式的生产方式本身被马克思批判为掩盖了生产力的社会属性）。

这种生产模式是在新自由主义作为意识形态基础上的市场运行的结果，新自由主义本身强调市场机制和个人责任作为治理的原则，因此在这个背景下，创意资本主义以创意产业为基础，以"众包"（crowd sourcing）模式为形式出现。而 Web 3.0 时代的虚拟现实世界就恰恰是在此背景下应运而生的，预示了未来产业的趋势，即空间和经验通过商业化的原创交换体系这个中介获得。

事实上，创意、手工技艺和价值生产的关系并非新鲜事物，但这种消费者和生产者界限模糊的"参与式的文化"则是出现在市场资本和社会文化资本的网络交叉中，人们从社会网络中获得资源，就如同原先获得物质资源一样，也更加印证了"后物欲时代"的论断。

创意资本主义和当代资本主义的个人主义原则有着不可分割的密切联系，尤其受到硅谷"加利福尼亚意识形态"（Californian ideology）[2]的巨大影响。"加利福尼亚意识形态"是由理查德·巴布鲁克（Richard Barbrook）和安迪·卡梅隆（Andy Cameron）在同名的书中提出的，是指从 1960 年代反文化运动以来所产生的一系列反威权、波西米亚式的生活形态与观点，是在新自由主义经济政策与技术乌托邦思潮综合影响下的产物。一些人认为这一思潮是 2000 年以来美国硅谷乃至整个西海岸 IT 文化的集中体现，而林登实验室正坐落在此。《第二人生》创始人菲利普·罗斯代尔（Philip Rosedale）自小在圣地亚哥长大，从小受到这样的文化影响也不足为奇。

总体来说，《第二人生》中的虚拟世界经济具有以下几项特性：

（1）虚拟物品具有真实的知识产权。林登实验室规定，用户对于其在虚拟

---

1 Boellstorff T.Coming of Age in Second Life: An Anthropologist Explores the Virtually Human. Princeton: Princeton University Press, 2008.
2 Barbrook R, Andy C.The californian ideology.Science as Culture, 1996, 6（1）: 44-72.

环境中所创造出来的虚拟物品拥有知识产权。该规则激发了《第二人生》用户的原创意识，并且通过虚拟物品的设计、生产、交易形成虚拟世界经济自己的体系。

（2）竞争性。对于虚拟世界内某项资源的控制权只能掌握在一个或少数人手中。因此，对虚拟资源的占有具有排他性。在《第二人生》中，最大的资源是虚拟土地。而林登实验室是虚拟土地的开发者和最终受益者，其收入的68%以上来自虚拟土地的出售收入，以及每月的土地管理收入。虚拟土地的实质是Web 3.0时代三维平台的提供和托管服务。

（3）持续性。虚拟物品几经易手，但始终存在于虚拟环境之中。一些虚拟资源即使其产权人未登录也可以被他人所见。

（4）交互性。虚拟物品可以影响他人/物，或被他人/物所影响。

（5）二级市场。虚拟物品可以被创造、交换、购买、出售。在这个过程中，真实的货币有可能牵涉其中。

（6）用户增值。用户可以通过个性化或改造来增加虚拟物品的价值。

而虚拟世界的体验本身应该被看作是一种后现代的媒介消费行为，是最纯粹的符号消费。这种消费体现在以下三个层次：

（1）行为符号消费。由于虚拟世界中的空间是符号化的空间，时间是符号化的时间，空间和时间都被抽离出实在的意义而成为抽象符号，因而空间转换和时间的流逝并没有物理意义，纯粹是抽离出来的行为符号。这个方面的极致是《第二人生》中关于虚拟性爱的功能设置，这种虚拟的亲密性行为完全异化为符号。

（2）商品符号的消费。在虚拟世界中，人们创造、分配、交换、消费的是纯粹的符号商品，是完全脱离了实体形态的数字符号。这种商品的特殊之处在于其使用价值仅仅存在于这一虚拟空间之中。这种商品符号的消费无论从多大程度上满足虚拟行为的目的，本质上都是为了自我表达。

（3）社会关系消费。分布式虚拟现实最重要的特征在于多人共在（being-with-others）。参与者通过构建虚拟社会关系网络，达到"在别处"的临场感。

第七章　从点击主义到虚拟行动：初代元宇宙的政治活动研究

互联网上的政治参与问题近年来成为政治传播学关注的焦点。在 Web 1.0 时代，罗伯特·普特曼（Robert Putnam）认为网民正在日益成为"独自打保龄球"（bowling alone）的人[1]，缺少社会互动的他们不再愿意去参与真实的政治事务。在普特曼看来，大众媒介（特别是电视，也包括 Web 1.0 时代的互联网）由于缺少社会互动性，导致了个人及总体社会资本（social capital）的减少，同时也降低了人们愿意参与政治活动的意愿，因而具有反民主的意味。

但相反的意见则认为，在新的媒介环境下，公众的政治参与并未减少，只是公民参与政治事务的方式正在日益多元化。[2] 传统的政治参与方式（如投票）如今不再是公民参与政治事务的唯一方式。新媒体技术催生了一系列创意性的参与方式，突破了传统上对于公私生活的界限。[3] 通过互联网进行政治参与的方式既包括传统参与形式的电子版本，如在线投票或网络请愿，同时也包括网络特有的政治参与形式，如有政治意图的黑客行为等。[4]

尽管这些新的政治参与方式的地位还有待考察，但这些行动无疑已经可以被视为政治偏好的表达方式。即使其并非要影响国家决策，也不一定发生在传

---

1 Putnam R D. Bowling alone: America's declining social capital. Culture and Politics, 2000: 223-234.
2 Dalton R J. Citizenship norms and the expansion of political participation. Political Studies, 2008, 56（1）: 76-98.
3 Micheletti M, Andrew S M. Creative participation: Responsibility-taking in the political world. London: Routledge, 2015.
4 Jordan T, Paul T. Hacktivism and cyberwars: Rebels with a cause?. London: Routledge, 2004.

统定义的正式政治领域中，但这些新兴的政治参与方式还是符合关于政治参与的一般定义：普通公民为了影响一定的政治结果而采取的行动。[1]

在 Web 3.0 时代，全新的媒介生态也对互联网政治传播提出了新的课题。作为一项全新的互联网技术，像《第二人生》这样的 3D 沉浸式虚拟现实环境作为政治平台的前景尚未有太多理论化的论述。但相关的讨论已经在媒体上广泛出现。一方面的原因是 3D 沉浸式虚拟现实环境尚处于技术扩散的初期，大规模的应用还有待网络速度提高及交互界面技术的发展。另一方面，传统观点认为"第二人生"类虚拟社区是"网络游戏"，这样的误解仍然在低估其研究价值。

第一节　初代元宇宙中的虚拟政治

一、选举政治

在西方民主选举期间，媒体最重要的社会责任是向选民提供充分的资讯以帮助选民做出政治决定。这个媒体责任的实践方式随着媒介形态的变化也一直发生着相应的变化。尽管传统媒体依然发挥着独特的作用，但总体而言，传统的政治传播媒体正逐渐衰弱或重新定位，"去中介化"的网络传播特性正逐渐改变既有的政治仪式和程序。按照劳伦斯·格罗斯曼（Lawrence Grossman）的观点，"这将扩展政府政策制定的参与范围，从权力中心的少数人扩大到外围许多想参与的人中间"[2]。如 2004 年美国总统竞选的时候，候选人霍华德·迪恩就成功地使用互联网进行选举宣传、志愿者动员和小额募款，但第一个通过新媒体政治传播赢得大选的是奥巴马。如同几十年前肯尼迪总统拥抱当时新兴的电视媒体一样，奥巴马拥抱互联网，并积极地将互联网用于政治传播。这意味着他可以跨越传统媒体，通过视频网络、社交媒体进行宣传，这将华盛顿的传统媒体从业者置于一个非常尴尬的境地：第一次在总统和民众的关系中成为了局外人。与此同时，这种"去中介化"的政治传播并没有带来"把关人"的衰弱，而只

1　Henry E. B. "Political participation." In: John P R, Phillip R S, et al., ed. Measures of political attitudes. San Diego: Academic Press.1999.
2　Grossman L K. The electronic republic: Reshaping democracy in the information age.New York: Viking Penguin, 1995.

是催生了"平台提供者"的新中介形式。

在 Web 3.0 时代，在线虚拟现实将这种去中介化的趋势推向了新的程度：政治人物不但可以"绕过"传统的传播媒介，还可以直接在虚拟环境中与民众建立"面对面"的直接交流方式。《第二人生》的虚拟现实平台由于具有跨国界性并且拥有大规模的用户群体，因此吸引了诸多政治团体的重视，成为新的政治博弈场域，也成为媒体和学界关注的焦点。2008 年美国总统竞选成为在虚拟现实环境中进行政治宣传与政治动员的首次尝试。美国共和党在《第二人生》中建立了虚拟竞选总部，该党总统候选人约翰·麦凯恩（John McCain）、罗恩·保罗（Ron Paul）也各自建立了其虚拟竞选总部。与共和党相比，似乎更多的美国民主党候选人对此有兴趣。包括巴拉克·奥巴马（Barack Obama）、希拉里·克林顿（Hillary Clinton）、约翰·爱德华兹（John Edwards）、迈克·格拉韦尔（Mike Gravel）在内的多位候选人都在《第二人生》中建立了虚拟竞选总部，成为 2008 年总统选举的一道奇景（见图 7.1）。

在《第二人生》中，奥巴马的支持者组成名为"Obama for President"的在线组织，该组织成员最多的时候超过万人，并且在虚拟现实世界中举办了

图 7.1　2008 年美国总统竞选时，巴拉克·奥巴马、约翰·爱德华兹、希拉里·克林顿和迈克·格拉韦尔在《第二人生》中的竞选活动

一系列竞选造势活动。在选举前夜，奥巴马的支持者首先在《第二人生》中的 Soho 岛举行集会，然后再集体去往虚拟国会山（由美国国会授权科领科技（ClearInk）和昇阳科技（Sun Microsystems）开发）。对于这些在虚拟现实中的支持者的动员行动，奥巴马竞选团队的新闻发言人说："我们很高兴地看到奥巴马参议员的支持者在虚拟世界中跨越地域集合在一起，形成巨大的草根力量。" 2007 年 3 月，奥巴马在伊利诺伊州的一次竞选活动被其官方团队授权在《第二人生》中进行同步直播，即在奥巴马参加活动的同时，他的一言一行被经过授权的官方虚拟化身在《第二人生》中同步呈现。2008 年 11 月 20 日，当奥巴马赢得选举人投票的瞬间，在《第二人生》中奥巴马的虚拟竞选总部中，数百位奥巴马支持者的虚拟化身鼓掌、跳舞、欢呼。随后，又举行了盛大的庆祝活动。由于人数爆满，许多人都未能挤入该虚拟的庆祝活动。而奥巴马的对手约翰·麦凯恩设立的大本营在麦凯恩承认竞选失败后几乎沦为"鬼城"。

其实早在 2006 年 6 月，作为民主党提名人参加 2008 年总统竞选的弗吉尼亚州前州长马克·华纳（Mark Warner）就成为历史上第一位亲自进入在线虚拟现实社区进行选举宣传的美国总统候选人。当时的场景是这样的（见图 7.2）：华纳创造了一个虚拟替身，这个替身和现实世界中华纳的身材、样貌乃至着装都非常相像。唯一不同的是，虚拟的华纳是"飞"向虚拟演讲台的。演讲的内容也和其在线下竞选活动中的内容大同小异：在他当州长期间，弗吉尼亚州被《治理杂志》(*Governing magazine*) 评为最善治的州，被福布斯评为最适合投资的州。他还批评布什政府在"9·11"恐怖袭击后错过了团结全美人民的大

图 7.2 马克·华纳在《第二人生》中的竞选活动

第七章 从点击主义到虚拟行动：初代元宇宙的政治活动研究

好时机。华纳是当时最敢于尝试新媒体竞选策略的候选人，他采用从博客到虚拟现实的一系列在线宣传手段，并且雇佣著名的博客作者杰雷米·阿姆斯特朗（Jerome Armstrong）加入他的团队，并在拉斯维加斯举办了邀请全美著名网根（netroots）活动家的集会为自己造势，打造自己的新媒体候选人形象。此次演讲由《第二人生》全职记者哈姆雷特·奥（Hamlet Au）主持。[1]

记者：我们是不是有可能正在通过他在虚拟世界中的虚拟替身的方式看着美国下一任总统？州长先生，您感觉怎么样？

马克·华纳：这是我第一次在虚拟现实世界中现身，有灵魂出窍（disembodied）的感觉！人们如何交流、形成怎样不同类型的社区正随着时代的不同而变化。我们试图使用所有不同的工具——包括虚拟世界，去沟通不同人的想法，找到使我们的国家重新回到正轨的方法。

观众：州长，您有关于解决伊拉克问题的时间表吗？我在这边。

记者：请将向州长提问的问题留到下一个活动的环节。

马克·华纳：真正需要问的问题是，我们如今在伊拉克的军事存在是否真的让我们更加安全？我们需要确保，一方面我们从伊拉克撤军，同时不将伊拉克变成基地组织和伊朗扩张主义的天堂。

观众：如何证明仅有一届州长经验的您也同样有能力处理复杂的国际环境？

记者：重复说一次，请将向州长提问的问题留到下一个活动的环节。

随后，马克·华纳接受了记者的一对一专访。作为有史以来第一位在虚拟现实环境中接受采访的总统候选人，他是这样介绍为什么选择《第二人生》这样的虚拟环境作为自己的竞选场所的：

在《第二人生》中，距离和时间的差别被打消。它可以让我们通过这样的全新媒体去接触到我们的选民。媒体的创新可以成为促进政治变革的利器，像

---

[1] 参见 The Second Life Of Governor Mark Warner, https://nwn.blogs.com/nwn/2006/08/the_second_life.html, 2006-08-31。

虚拟现实这样的技术可以成为促进现实社会人们参与民主政治的新工具和场所。我们希望利用《第二人生》继续讨论我们国家的未来发展方向。[1]

从当时的现场情况来看，整个演讲和见面会的现场略显零乱。事实上，由于缺乏空间控制机制，企图在虚拟现实世界中复制现实世界中的秩序是一件非常困难的事情。针对政治人物的现场呛声在美国政治文化中也属于常态，这也表现出美国的总统候选人们不愿意放弃任何可以和自己潜在选民接触的机会和地方，无论是线下的还是线上的虚拟空间。

而在欧洲，葡萄牙总统成为第一个在虚拟现实世界发表演讲的国家元首。奥巴马之前的演讲是通过其团队的工作人员在《第二人生》的虚拟世界中进行转播的，但葡萄牙总统阿尼巴尔·卡瓦科·席尔瓦（Aníbal Cavaco Silva）则是直接向虚拟世界中的"居民"发表演讲，并饶有兴致地听取虚拟居民们的反馈。

2007年，法国总统竞选成为虚拟政治一次全新的实验，包括后来当选法国总统的萨科奇（Nicolas Sarkozy），以及弗朗索瓦·贝鲁（François Bayrou）、塞格琳·罗亚尔（Segolene Royal）、让-玛丽·勒庞（Jean-Marie Le Pen）在内的4位候选人都在《第二人生》中建立了虚拟总部（见图7.3）。在贝鲁的阵营中，有3位支持者每人每周花费超过50小时建造了虚拟总部，在正式开放后有

图7.3　2007年法国总统选举中萨科奇（Nicolas Sarkozy）、弗朗索瓦·贝鲁（François Bayrou）的虚拟竞选活动

---

[1] 参见 The Second Life Of Governor Mark Warner，https://nwn.blogs.com/nwn/2006/08/the_second_life.html，2006-08-31.

近 10 人的团队每天花费 3~4 个小时进行日常维护。而萨科奇的虚拟总部有一支 15 人的志愿者虚拟团队全天候地进行运营维护。虚拟竞选总部的设计也试图表达候选人的个人形象和理念。如贝鲁的虚拟总部就包括一个虚拟的牧场，牧场上虚拟的牛羊成群，还有谷仓和拖拉机。这样设计的目的是反映贝鲁的草根形象和"农民之子"的政治形象。其虚拟竞选工作人员穿着标有"性感的中间派"（Sexy Centrist）的虚拟体恤。而另一位竞选人罗亚尔的虚拟总部则用木质纹理的材料建造，反映了他关注环保的政治理念。根据《第二人生》的数据报告，当时这 4 位候选人虚拟总部的访问量分别是：塞格琳·罗亚尔每天 2 万人，勒庞每天 1.1 万人，萨科奇每天 1 万人，弗朗索瓦·贝鲁每天 7 000 人。

尽管访问人数和传统的竞选宣传网页相比尚有不小的差距，但这种全新的政治选举宣传方式已经被认为有可能成为下一代网络政治的形态。虚拟居民们可以参与辩论，参加政治集会并且在虚拟的三维环境中参与抗议示威。总统候选人建立虚拟总部的举措也让《第二人生》中来自法国的居民数量大幅增加，成为除美国之外最大的用户来源国，并且在参与虚拟政治方面要比美国人更加有热情。

候选人从事虚拟政治动员的主要方式包括：

（1）建立虚拟竞选总部、竞选广场或修建纪念碑。《第二人生》开放式用户内容生成的平台特征可以允许各位政治候选人根据自身需求，在不受物质和地域条件的情况下建立虚拟总部，成为虚拟政治集结的地点。

（2）募集捐款。通过虚拟环境中的虚拟银行或其他支付平台，候选人可以在虚拟的世界中进行政治活动，举办虚拟聚会，开展募款活动。

（3）虚拟纪念品售卖。候选人可以定制和设计虚拟的竞选纪念品、如发放虚拟帽子和 T 恤衫进行销售，支持者在购买后可以穿在自己的虚拟替身上。

（4）选民登记。面对年轻选民投票率偏低的情况，虚拟的选民登记可以在真实投票前建立持续的关系、在催票等问题上起到不错的效果。

（5）虚拟演讲。通过虚拟替身或者在虚拟环境内嵌入视频直播的方式，发表自己的政见演说。

而在亚洲，日本议员铃木宽（Kan Suzuki）于 2007 年就在《第二人生》中开辟了虚拟办公室，他计划利用《第二人生》进行政策讨论和政见发表。但这一举动引发了争议。根据 BBC 的报道，铃木宽的虚拟办公室也因为涉嫌违反选举法而被迫关闭。铃木宽在虚拟办公室上张贴通知（见图 7.4）：

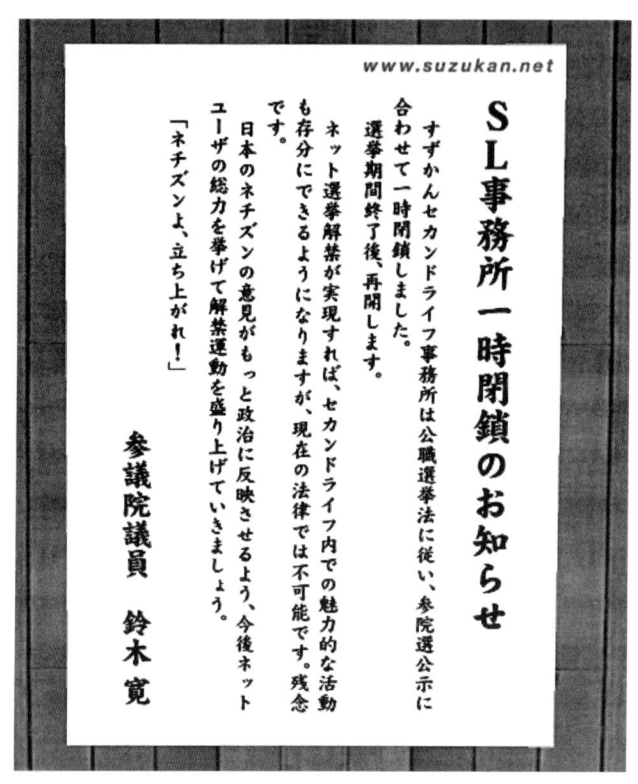

图 7.4　铃木宽的虚拟办公室也因为涉嫌违反选举法而被迫关闭

根据公共部门选举法，该虚拟办公室在参议院选举期间暂时关闭，但将在选举后重新开张。

如果通过互联网进行政治竞选宣传被允许，那么我们就可以更好地在《第二人生》中全面展开竞选活动。

但很遗憾的是，在目前的选举法之下，这并不被允许。

让我们发起运动，争取取消针对互联网选举宣传所制定的不合理的法律，让日本网民的意见可以在现实政治中得到更好的反映。

起来，网民们。

参议院议员　铃木宽

根据日本于 1950 年制定的《公共部门选举法》(Public Offices Election Law)，在日本公共部门选举中，限制候选人只能利用明信片和小册子进行宣传。进入网络时代以来，政策放宽到可以允许候选人利用网络进行宣传，但依然严格规定在竞选期不能建立新网站或对已有网站进行更新。因此，铃木宽的虚拟竞选进入了之前未规定的灰色区域。

二、虚拟抗议

2007 年 3 月 29 日，法国极端主义者总统竞选人让 - 玛丽·勒庞在《第二人生》中建立的虚拟竞选总部发生了大规模的抗议事件。让 - 玛丽·勒庞所领导的极右翼政党"民族阵线"，鼓吹极端民族主义和种族主义已达 30 年。2002 年的法国总统选举时，他在首轮选举中击败了选前呼声很高的前法国总理利昂内尔·若斯潘（Lionel Jospin），进入了第二轮投票，这一结果震惊了整个舆论界。勒庞宣称"二战"中针对犹太人的大屠杀仅仅是"细节"，并且发表排外主义和种族主义言论，最著名的口号是"法国人优先"，认为法国有"被穆斯林占领的危险"[1]。

竞选前期，民族阵线的年轻骨干纪尧姆·帕里西（Guillaume Parisi）成功地说服 78 岁的勒庞，成为第一个在虚拟世界中开辟竞选总部的法国总统竞选人，并因此而载入史册。在谈及开设虚拟竞选总部目的的时候，纪尧姆·帕里西说："《第二人生》可以让我们面对面地与来自不同国家的人们进行交流，让他们知道我们真正的政治理念和政治形象，而非媒体上所描述的纳粹刻板形象。"由于该政党的极右翼立场和言论，其在《第二人生》中开辟虚拟总部的计划立刻遭到了许多居民的抗议。不少来自法国的用户集体要求林登实验室拒绝勒庞及其政党购买虚拟土地的请求，但该请求未被接受。林登实验室给出的理由是：《第二人生》是开放的网络平台，任何合法的政治团体和个人都享有平等和言论自由的权利。

在请愿未果的情况下，大量虚拟化身开始在勒庞虚拟总部附近集结，造成服务器大规模拥堵和瘫痪。2007 年 1 月，《第二人生》中的两个左派组织 SLLU

---

1 Dumas C A：The Politics of Second Life，https://www.thecrimson.com/article/2007/4/25/the-politics-of-second-life-for/，2007-04-25.

& antiFN 发动了针对勒庞的抗议行动。原本的和平示威迅速变成"暴力"冲突。示威者最终将勒庞的虚拟竞选总部摧毁成为废墟。民族阵线党被迫放弃原址，另选新的地址重建虚拟总部。这次事件被写入了《第二人生》的政治历史：尽管是发生在虚拟现实中的抗议行为，但抗议的对象却是真实世界中的政党。在抗议现场，法国人里卡多·谢瓦尔（Riccardo Cheval）这样表述他参加此次抗议的动机：

> 我并非游戏沉迷者，也非书呆子式的计算机发烧友，我喜欢电子社区，但不是老式那种，如电子邮件组，甚至也不是社交网站。因为在那里，政治参与被大大地简化，我们实质上什么也没有做，什么也做不了。当我从报纸上听说民族阵线在《第二人生》中开辟了总部，我立刻跳到电脑前，下载程序，然后我就来到了这里。
>
> 在真实世界里，我就一直反对民族阵线危险的历史观和政治主张。我的职业是一名教师，之前居住在法国城市维特罗勒（Vitrolles），这个城市在法国政治中最出名的一件事情就是市长是民族阵线党人。因此，我非常了解真实世界中的这些人。在虚拟现实中呢？一样，甚至更糟糕。在和平抗议的时候，他们的人居然称呼我的朋友 Utopia 为"pute de nègre"（黑人母狗）。尽管是在虚拟世界，但这种侮辱是真实的。
>
> 《第二人生》是言论自由的平台？抱歉，民族阵线不配拥有这个自由，他们的主张也并非言论，而是犯罪。所以，让我们一起将民族阵线赶出《第二人生》。

这样的抗议事件并非孤例。早在 2006 年就曾在《第二人生》中发生过反对德国 G8 全球峰会的抗议；2007 年 1 月 27 日在虚拟国会山前举行的反战游行，并与发生在华盛顿的真实游行同步举行，因而这次游行不仅仅是"虚拟"的。自从 2006 年马克·华纳在这里召开虚拟的新闻发布会以来，虚拟国会山就被视为主流政治的空间场所，尤其常常是那些试图打造自己前瞻性思维、拥抱新媒体技术形象的政客的常用场所。此后，政治人物和团体的大规模进驻也引发了一些虚拟居民的抗议。当意大利交通和基础设施部部长安东尼奥·迪·彼得罗（Antonio Di Pietro）决定建立虚拟办公室时，居民们发起了一场抗议游行活动。

虚拟世界的抗议并非仅仅指向政治团体或个人，同样也针对一些商业机构。IBM员工巴里洛·科恩克（Barillo Kohnke）在《第二人生》中组织了一次罢工，12小时后，资方向劳方让步。2007年9月，意大利劳资委员会与IBM商谈，为员工周薪增加60欧元。但是后来IBM单方取消已达成的协议，由此IBM的5 000名意大利员工每人年收入减少1 000欧元。IBM意大利员工巴里洛·科恩克在《第二人生》中组织了一次罢工，这次罢工得到了法国参议院的赞许，最终IBM取消了自己的决定。

三、虚拟外交

瑞典于2007年在《第二人生》设立了虚拟大使馆。瑞典虚拟大使馆由瑞典外交部的一个下属机构瑞典研究所建立与维护（见图7.5）。虚拟的瑞典大使馆无法像真实大使馆那样向人们签发护照和签证，但可以向访问者介绍申请护照和签证的程序，并提供有关瑞典的各种信息。[1] 瑞典外交大臣卡尔·比尔特在位于斯德哥尔摩的瑞典研究所参加了虚拟大使馆的落成剪彩仪式，参加仪式的还有瑞典研究所负责人奥勒·韦斯特贝里。这座完全仿造由知名建筑设计师耶特·温高设计的瑞典驻美大使馆的"虚拟使馆"，具有浓厚的瑞典特色，装修风格也秉承了斯堪的纳维亚风格。内部还布置有以宜家家具为原型仿造的虚拟家私，以及瑞典国家博物馆收藏的艺术品的虚拟模型。另一项独具风格的展品是瑞典著名外交家乌尔·瓦伦贝里的虚拟办公室。第二次世界大战期间乌尔·瓦伦贝里正是在这间办公室内挽救了成千上万名犹太人的生命。

瑞典政府原本希望成为全世界第一个建立"虚拟使馆"的国家，但不曾想却被马尔代夫抢先一步。马尔代夫政府在其外交声明中说，虚拟大使馆是本国在虚拟世界传播国家形象、通过虚拟世界进行真实外交互动的一次尝试。声明说，虚拟现实世界为今后的国际外交开辟了新的维度，对于马尔代夫这样地理

---

[1] Reuters：Sweden first to open embassy in Second Life，https://www.reuters.com/article/us-sweden-secondlife-idUSL3034889320070530，2007-05-30.

图 7.5　瑞典于 2007 年在《第二人生》设立了虚拟大使馆

范围狭小的国家来说，通过虚拟大使馆的设立向国际社会传达马尔代夫的声音，是一项外交创新。对于马尔代夫"占先"的举动，瑞典研究所负责人韦斯特贝里开玩笑说："我发现马尔代夫将它们的虚拟使馆设立在了一个小岛上，希望全球变暖不会影响到它。"[1]

四、极端势力和非法组织

英国《星期日泰晤士报》就曾报道，有人怀疑极端宗教武装分子正在利用《第二人生》来招募新人，模拟真实世界中的恐怖袭击。警方和情报部门担心，极端分子可能已经渗入了虚拟世界，正在进行传教、联络、转移资金等活动。炸毁游戏建筑物的虚拟恐怖袭击也可能出自激进分子之手。

澳大利亚技术犯罪中心主任凯文·祖卡托表示，极端宗教分子可能正利用虚拟世界来掌握侦察、监视等技能。同样对网络安全有所担忧的还有欧洲刑警组织。欧洲刑警组织相信，《第二人生》为极端组织提供了畅通无阻的金钱流通渠道，使其可以轻易地获得所需的资金。不仅如此，极端分子还借助它雇用安

---

[1] The Sydney Morning Herald：Maldives opens first virtual embassy on Second life，https://www.smh.com.au/national/maldives-opens-first-virtual-embassy-on-second-life-20070523-gdq7im.html，2007-05-23.

全方面的行家,以帮助他们进行欺诈和恐怖袭击方面的活动。在进行这些不法行为时,他们还可以通过匿名和提供假信息等方式,将自己保护起来。

《第二人生》的匿名制度尤其令人担心。会员可以用假名来创造虚拟人物,掩盖他们的真实身份,而他们提供的现实世界中的联系方式也都是虚假的。情报官员表示,虽然从理论上讲,《第二人生》里的会员交流都处于监控之下,但找到个人用户的唯一途径往往只能依靠其 IP 地址,而 IP 地址也可能作假。虚拟世界复杂的资金流动为执法部门的监督工作设置了更多障碍。

第二节 网络化的政治传播

现代政治传播学者将政治定义为演讲、社会对话、辩论和说服的过程。人类传播是政治思想、辩论和行动的基础。因此不能将政治的属性与其传播的方式割裂开。尽管政治信息的内容无穷无尽,但这些信息存在着结构上的相似点:(1)一个短期的目标;(2)基于特定传播客体;(3)媒介化的;(4)以受众为中心。因此,研究不同时代的传播方式是研究政治学的基本着眼点之一。

美国自从独立战争时期开始,大众媒介和政治传播就血脉相连。在革命时期,大陆军散布小册子、报纸和书籍宣传美利坚独立思想。公共演讲是和民众接触并取得政治成功的最主要途径。政治集会通常伴随着标语、横幅、口号甚至烟花。

广播的出现改变了政治和宣传的格局。1920 年代沃伦·加梅利尔·哈定总统通过广播首次直接与美国公众对话。1924 年,民主党全国大会通过广播向 500 万公众进行现场直播。柯立芝(Coolidge)成为首位利用广播进行国情咨文演讲的总统,而胡佛(Herbert Hoover)总统在 1928 年总统竞选时,利用广播进行选举宣传。从那个时候开始一直到 20 世纪 50 年代,广播都是美国政治与选举宣传的主要媒体。作为政治传播的媒介,广播跨越了种族和地域的界限,要求政治人物无论处于什么样的地理区域、面对怎样的人群,都必须保持言行的一致。电视彻底改变了美国政治实践和媒体关系的生态。从 1952 年开始,政党的全国大会开始通过电视进行全国直播,政党候选人也第一次开始购买播放政治广告的电视时间。电视收看的重要性甚至超越了政治集会，也带来了政治话语方式的改变。大多数人是在自家的客厅或卧室中通过电视了解政党和候选人政见的。这就要求政治话语从宏大的长篇大论变成个人化的、短句式样、对话的方式。频繁的"对话"使得观众与政治任务之间建立起一种"朋友"般的信任和伪"亲密"关系。

伴随着互联网普及和社交网络在选举中的运用，美国的选举政治正在经历一次新的话语转型，从以候选人为中心转向以民众为中心的宣传。以民众为中心不是指泛泛的参与，而是指美国政治的范式转换[1]，传统上关于政治传播的理论需要重新书写。

1992年，克林顿成为第一个使用互联网进行选举宣传的总统候选人，尽管当时的网络条件只能允许他使用电子邮件组的方式发布信息，但他在当选后投入2万亿美元进行互联网基础设施的建设，并且在白宫成立了电子信息发布办公室（Office of Electronic Publishing）。到了1994年的时候，已经有不少政治候选人都建立了自己的网站，同时非营利性组织和利益集团也纷纷开设自己的网站，还出现了关于政治人物数据库的网站，便于选民实时查询候选人的言行。

从2000年开始，在线筹款和选民动员成为互联网政治传播的新目标。共和党候选人约翰·麦凯恩和史蒂夫·福布斯（Steve Forbes）就成功地通过网络募集资金。但总体来说，互联网对于意见摇摆的选民影响有限。一些学者认为网络在政治传播的过程中存在"回声室效应"。意见相似的人群在互联网上结成政治社区，并且通过政治意见表达的回声不断加强彼此的固有意见。

温戈拉德和海斯（Wingorad & Hais）（2008）指出，美国历史上有五次重大政治重组（political realignment），每一次都由重大的历史事件触发，如内战、大萧条。而互联网传播技术的快速发展和普及正让我们见证一次新的政治重组过程。通过网络技术，政治传播可以通过无处不在的网络服务直接传递给每一位网民，特别是那些年轻的数字土著（Digital native）。到2004年，有

---

1 Gronbeck B. The Web, Campaign 07-08, and engaged citizens. In: Robert E, Denton J R, ed. The 2008 Presidential CampaignLanham.MD: Rowman & Littlefield, 2009.

6 300 万美国人通过互联网获取选举信息，4 300 万人通过网络进行政治讨论，1 300 万人使用互联网进行政治捐款。有 52% 的人认为网络上获取的政治信息影响了他们的投票决定。与此同时，刚刚兴起的社交网络也开始在政治传播中扮演越来越重要的角色。格隆贝克（Gronbeck）认为，2004 年以来的美国政治传播出现了 6 个方面的新发展：(1) 将网络理论和工具应用于选举策略制定中；(2) 扩大在线的选民数据库，从而可以更好地通过电子邮件和无线网络接触选民；(3) 在线宣传策略中增加了民众的参与程度、共建参与式在线社区；(4) 使用在线视频进行政治宣传；(5) 选举话语的变化；(6) 博客等 Web 2.0 式的在线政治传播方式。

第三节　虚拟政治团体及其分类

Web 3.0 时代虚拟现实中的政治行动大体上可以分为两大类：

（1）线下世界的政府机构、政治团体、政治运动和政治人物在虚拟环境中开辟的分支行动。

如上文提到的各国政府、议院和政治候选人开设虚拟机构的案例。再如 2009 年 8 月 6 日美国联邦通信委员会举行"公开政府和公民参与"的研讨会。该会议是全国宽带计划（Nation Broadband Plan）系列活动的一部分，旨在讨论高速互联网如何增进政府的透明度与民众参与。此次会议也特别在《第二人生》同步直播，并向《第二人生》"居民"开放提问和互动。FCC 新闻发言人简·霍华德（Jen Howard）认为：

在发展我们全国宽带计划的过程中，我们致力于去寻找创新性的、开创性的前沿传播途径——包括在线的和线下的——去接触民众，引发讨论、建议、问题和关于我们国家宽带网络未来的思考和洞见。我们也非常高兴地看到这次研讨会可以延伸到《第二人生》的虚拟现实世界中，更充分地与利益相关群体一起探讨。

一些线下的非营利组织或非政府组织也在虚拟环境开辟战场，如知名的环保非营利机构环链网络（EnviroLink Network）就于 2006 年在虚拟世界中开辟了分支机构，并且针对虚拟环境的特性提出了它们在《第二人生》中的传播策略：虚拟社区＋远程教育＋趣味体验＋真实行动。它们用《第二人生》独特的沉浸式、体验式和场景式的传播方式，提高公众关于环保议题的意识。

旨在保护儿童权利的非营利组织 Global Kid 也在《第二人生》中开展了多次成功的远程教育活动，并综合利用了上述多种传播手段和渠道。它们与美国犹太人大屠杀纪念馆合作，建立了一个关于达尔富尔人道危机的虚拟现实场景，以及一个介绍非洲裔美国囚犯医药试验问题的虚拟环境（consent）。Global Kid 在《第二人生》中的另一个经典案例是，2007 年它们举办了一个儿童权利游戏电影营（Rights of the Child Machinima Camp）。该项目与 UNICEF 合作，目的是用《第二人生》中的场景和人物设定，拍摄引擎电影（machinima）以提高公众关于儿童权利问题的意识，并召开虚拟的全球儿童权利大会（Convention on the Rights of the Child，CRC）。

《第二人生》也成为了政治活动训练、组织联合政治行动、参加政治对话和讨论的新场域。如 2008 年的互联网知名政治博客和网络活动家的年度聚会 Yearlykos 大会将主要会议内容向《第二人生》中进行虚拟屏幕同步直播，并且在会议中安排虚拟居民参与提问和互动的环节，有近千名虚拟居民参与这次会议。和传统媒体相比，《第二人生》的最大差别是可以提供共享的经验（shared experience），而传统的 C-Span 电视转播或者基于脸书这样的社交媒体则无法做到这一点。

像 EnviroLink Network、Global Kid 这样的非营利组织在《第二人生》中不计其数。《第二人生》中甚至成立了一个名为非营利公会（Nonprofit Commons）的组织，坐落在虚拟环境中的四个岛屿（Plush、Nonprofit、Commons、Ampitheater）上。该组织旨在为来自全球各地的非营利性组织提供低价或免费的虚拟土地租赁，该组织由 TechSoup Global 及一群虚拟的志愿者团队共同管理运营。非营利公会主要为现实世界中的非营利组织服务，降低它们进驻《第二人生》的技术门槛，并且研究非营利组织如何能够更好地应用《第二人生》这样独特的虚拟环境。除了提供低价或免费的虚拟土地租赁外，公会还定期在虚拟世界中举办培训等活动。

（2）《第二人生》中原生的非营利机构或政治团体。

《第二人生》中原生团体中最有影响力的是一个名为"《第二人生》解放军（Second Life Liberation Army）"的组织，号称要为居民们争取基本的政治权利，主张《第二人生》里的事情应该由全体公民投票表决，反对林登实验室的"独裁"。为了防止《第二人生》变得过于商业化，该组织曾经策划过在 AA 美国服饰（American Apparrel）大厦前抗议，该组织甚至会打击进入大厦购买衣服的虚拟居民，导致不少居民离开大厦从而阻止交易的发生。后来大厦拥有者修改了脚本，阻止了这一"武装事件"的发生。《第二人生》中原生的非营利机构或政治团体通常和虚拟世界的内部治理事务相关。

第四节　网络政治：从点击主义到虚拟行动

互联网政治参与的可能影响之一就是增强了传统参与，让传统行动和活动的信息发布更加容易，并可以让行动组织者以更小的成本将特定政治行动的信息发布给更大范围内的公众，使活动协调更加容易。加利福尼亚州路德大学政治系的何塞·马里查尔（Jose Marichal）副教授将这种小规模的、多对多的政治传播方式称为微行动（micro-activism）。在社交媒体上，前所未有地出现了大量关于政治活动信息的传播和再传播行为，以及向朋友和家人表达个人政治偏好的方式。一些乐观的学者认为互联网上日益增加的大众参与行为已经从根本上改变了政治形态。

本研究将《第二人生》视为政治化的网络社区平台。在 Web 3.0 的技术条件下，虚拟的政治参与呈现出了与以往所不同的特征。Web 3.0 时代的政治传播提供了 Web 1.0 及 Web 2.0 时代社区中所缺少的计算机中介传播特质，即建立或重建了情绪化的、面对面的、体验式的、临场的人际互动关系。《第二人生》与普通网络社区相比提供了更加丰富的传播渠道，包括体态姿势、表情、语音语调，是高度拟人化的人际传播。非语言信息在人际传播和社会互动中起到了非常重要的作用。如身体姿态、目光凝视或人际距离。非语言信息携带着大量的社会信息，是社区建设最重要的因素。具身化的互动可以在很大程度上保留这些非语言信息。虚拟化身之间对话式的政治传播回归了政治传播的本意，即"最好的政治传播就好似面对面进行人际传播""正因为别人正面对面地和我说话，我无法轻易地无视他/她的存在。也无法忽视别人对我说话内容的反应"。

假定目光凝视可以增强人际交流中的说服力，有研究者通过技术参数设定，设计了演讲者可以同时凝视处于不同位置的所有听众的虚拟环境。[1]因为每个听众都是通过自己的计算机观察虚拟环境，因此可以通过系统设计，让每一个听众都以为演讲者在直视自己进行演说，这就会大大地提高演讲的说服力。这一点打破了虚拟世界总体一致性原则，是 Web 3.0 时代新的信息筛选机制。如果两个用户之间距离太近，计算机可以自动加大双方的距离。[2]因此，这种信息筛选机制本身一方面承认了具身化互动中非语言信息的重要性，同时也摒弃了对于物理世界中交互属性的恪守，并通过系统设计采取更加灵活的方式呈现，从而操控了具身化社会交互的过程。乐观者认为这让传受双方在一种平等、互相倾听和对话的方式中交换意见；但批评者则指出这样的编码是一种新的操控。

传统上针对网络政治参与和网络行动主义的一种批评认为，即使互联网的确动员了一些原先消极的公众，使之在某种程度上参与到了政治行动中，但这种动员和政治行动并没有太多实际的意义。因为网络上所谓的政治参与其实无法对现实世界造成真实的政治影响。[3]这种现象被称为"点击主义"（clicktivism）。

点击主义，也可以称为懒汉行动主义（slactivism，是英文懒汉 slacker 和行动主义 activism 的合成词），是指通过网络虚拟的方式从事社会公益、政治请愿等行动，却不参加现实的实际行动。这个概念最早由德怀特·奥托德（Dwight Ozard）和弗雷德·克拉克（Fred Clark）于 1995 年提出，指代年轻人参加的、自下而上的小规模、个人化的集体行动，如用植树节种树替代日常持续性的环保行动。最初的时候，这个词语还带有一定的正面含义。如今，这个词已经贬义地指代那些不完整、只存在于网络中的政治行动承诺。通常，点击主义式的

---

1 Bailenson J N, Beall A C, et al.Transformed social interaction, augmented gaze, and social influence in immersive virtual environments. Human Communication Research, 2005, 31（4）: 511-537.
2 Clanton C, Ventrella J. Avatar centric communication in there. In: Presentation at the People, Computers and Design seminar, Stanford University, 2003.
3 Karpf D. Online political mobilization from the advocacy group's perspective: Looking beyond clicktivism. Policy & Internet, 2010, 2（4）: 7-41.

政治参与是指那些很容易参与的行动。这种政治行动的作用在更大程度上只是为了让参与者获得形式上的参与并具有良好的感觉，并非真正关注这样的网络行动是否真的达到了既定的目标。[1]广义上，懒汉行动主义还包括穿着政治宣言的衣服，或在自己的私家车上贴上政治标语口号的贴纸，参与短期的抵制类似"地球一小时"这样的活动。点击主义更加明确地指代在网络上通过点击或简单地填写就完成网络请愿等政治参与行动。批评者认为，如今的社交网络已经将网络政治参与简化到了极致，仅仅通过一键式的点击或电子签名就可以完成。但这样的在线政治请愿很少转入线下，对真实政治决策的影响也有待评估，不一定会提高既有政治参与的有效性。[2]

电子邮件群发常常被指责为点击主义的典型案例，这种网络政治参与的方式并不一定能够产生效果。舒尔曼研究了知名在线请愿网站"继续前进"（MoveOn.org）生成并发送给美国环保署（EPA）的大量邮件。根据数据显示，只有极少的信件包含发信人添加的新信息。因此对于政府部门来说，对于这样的邮件进行批量删除就更加容易，也不涉及伦理道德问题。这对那些在线参与的政治行动提出了严峻的挑战。[3]

总而言之，网络政治参与由于和既有的政治建制没有直接相关性，因此很难评估它对于真实政治的影响。同时，由于网络政治参与常常是短暂的，因此常常无法进入决策议程之中。同时，一些行为往往具有破坏性（如大量群发请愿邮件），因此很难建立一个严肃可靠的对话机制，也无法实现有效、持续、良性的政治互动，而仅仅流于参与的形式。修改脸书的格言和微博头像无法实现真正的政治参与。点击主义者们最大的问题是"不愿意弄脏自己的手"，不愿意真正地付出时间和精力参与到政治行动之中。但也有学者认为，在美国现在的政治语境下，即使是传统的政治行动也不一定需要参与者付出很大的努力，也不一定比在线行动更有效。同时，也不能认为真实世界中签名请愿要比虚拟世界中相比更为伟大，至少在美国的政治语境中如此。

1　Morozov E.The brave new world of slacktivism. Foreign Policy，2009，19（5）：123.
2　Hindman D B.Mass media flow and differential distribution of politically disputed beliefs：The belief gap hypothesis.Journalism & Mass Communication Quarterly，2009，86（4）：790-808.
3　Shulman J."Super" Representation：The Relationship Between Elected Officials and their Constituents，2009.

一些学者质疑网络政治参与在多大程度上有效，因为它只是让原先就很积极的公民参与到网络政治行动中。[1] 照这种看法，网络仅仅是为原本积极的公民提供了另一项参与工具而已，但并不能帮助动员那些原先消极的公众。还有学者认为，网络创造新的数字鸿沟[2]，这种批评认为，网络的确对政治参与有影响，但会扩大公民参与度既有的差距，因为只有受到良好教育并且具有政治热情的公众才能从技术进步所带来的可能性中获益。

而在我看来，尽管网络行动常常受到这样的指摘，但并非所有的网络政治参与都可以归为点击主义的范畴。比如网络黑客行为，因为这样的行为需要投入更多的时间、技术和精力，并且通常可以造成实质性的政治社会影响（如修改相关政治组织和机构的网站，加上自己的政治口号和标语等），因此这样的网络行动应被视为有效的政治参与。

在《第二人生》中，政治参与大多存在一个明确的现实政治核心目的。如在上文提到的《第二人生》中的两个左翼组织 SLLU & antiFN 反对法国右翼总统候选人勒庞的行动，在这个行动中示威者最终将勒庞的虚拟竞选总部摧毁成为废墟。这样明确地针对现实世界中特定政治人物或意识形态发起的虚拟政治行动，不但需要和真实世界政治行动有类似复杂程度的动员和组织，同时示威、破坏本身也是具有高技术难度的行为。这和 Web 2.0 时代的"点击主义"一键式的政治行动参与有着天壤之别。从实际的传播效果来看，这样的政治行动也引发了现实世界媒体的广泛关注，而虚拟政治行动本身制造行动意识（raise the awareness）的目标显然可以达到。

对 Web 2.0 时代网络论坛中政治协商过程的评价存在分歧。一方面，有学者认为这样的虚拟社区如同网络空间中的"公民下议院"[3]；另一方面，有学者将网络论坛称为回声室，认为这样的论坛损害了民主，因为在网络世界中我们更愿意寻找与我们类似的人，在这样的回声中，我们的既有观点得到强化而很难

---

[1] Bimber B.Information and political engagement in America: The search for effects of information technology at the individual level.Political Research Quarterly, 2001, 54（1）: 53-67.

[2] Norris .Digital divide: Civic engagement, information poverty, and the Internet worldwide. Cambridge, United Kingdom: Cambridge University Press, 2001.

[3] Blumler J G, Coleman S. Realising democracy online: A civic commons in cyberspace. Citizens Online, 2001（2）.

受到挑战。[1] 如果假定健康的公共领域应该存在着不同观点之间的竞争、冲突甚至挑战，那么在《第二人生》中的组织和行为可被视作真实世界中组织行为的延伸。通过虚拟化身的交流则是更加对等、互惠式的，可以避免社区类网站中内容的重复循环。因此，3D 虚拟现实社区中的政治传播可以有效结合传统在线社区和真实社区传播的优势。

结　论

在 Web 3.0 时代，全新的媒介生态也对互联网政治传播提出了新的课题。2008 年，美国总统竞选进行了第一次在虚拟现实环境中进行政治宣传与政治动员的尝试。2007 年，法国总统竞选成为虚拟政治一次全新实验，并在《第二人生》引发了针对候选人的大规模抗议。而在亚洲的日本，1950 年制定的《公共部门选举法》依然约束着候选人在选举期间对电子媒介的使用行为。此外，瑞典等一些国家已经开始使用《第二人生》作为外交场所。在 Web 3.0 时代的虚拟政治参与不但需要和真实世界政治行动有类似复杂程度的动员和组织，同时示威、破坏本身也是具有高技术难度的行为。

总之，Web 3.0 时代虚拟现实环境中的政治行动具有以下几大特征：(1) 与传统点击主义式的政治行动参与不同，在 Web 3.0 时代的虚拟现实环境中，政治行动可被视为针对特定政治团体、个人或意识形态的（无论是线上或线下的）、有组织的网络行为；(2) 在虚拟现实环境中，政治传播重建了情绪化的、面对面的、体验式的、临场的人际互动关系，是高度拟人化、具身化的传播方式；(3) 有可能打破社交网络中观点聚合的"回声效应"；(4) 拟人的人际传播中存在着 Web 3.0 时代独有的信息筛选机制，摒弃了对于物理世界中交互属性的恪守，在增加了对话平等性的同时，也可视为一种新的操控。

---

1 Cinelli M, Morales G D F, et al. The echo chamber effect on social media.Proceedings of the National Academy of Sciences，2021，118（9）.

第八章　元宇宙虚拟社会的治理机制与冲突

在虚拟世界中，治理冲突时大体存在两方面的问题。一方面，在虚拟世界，像林登实验室这样的开发企业事实上起到了虚拟社会政府的作用，制定虚拟社会的运行规则、基本经济和社会制度，并进行着日常的社区管理。同时由于虚拟世界的跨国性、匿名性、文化背景的多元性等其他诸多特性，使得虚拟世界的社会规则制定和管理过程遇到许多新的挑战，如前文所述的经济税收政策、身份制度、政策制定和虚拟居民的用户权利问题等。另一方面，由于虚拟和现实世界之间的相互渗透，虚实之间的界线越来越模糊，结果导致的"溢出效应"（spillover effect）对于虚拟和真实世界中的管制提出了新的挑战。因此，需要从虚拟世界和真实世界关系的视角来研究 Web 3.0 时代虚拟社区治理的挑战。本章从以上两个方面展开研究，首先分析虚拟现实社区内部治理的用户权利、管理机制和抗争问题；再以布拉格诉林登实验室的现实法律案件为例，分析虚拟/现实中治理冲突和未来解决的可能途径。

第一节　虚拟社会内部治理

一、作为虚拟世界居民的用户权利

《第二人生》居民组织的年度社区论坛（Second life Community Conference，SLCC）每年召开一次，曾经是《第二人生》乃至所有类似的网络虚拟世界平台中最大的用户大会。2008 年的会议主题是"作为虚拟世界居民的用户权利"。

当年，由于多次发生林登实验室管理规则与用户利益冲突的事件，用户在虚拟现实世界中的权利问题成为众人瞩目的焦点。围绕这个问题，用户之间也产生了很大的观点冲突：一些人认为《第二人生》的用户/服务商关系是在不公平前提下建立的，在重大管理规则变化的时候并未征求用户的意见，因此属于霸王条款；另一些人则认为，用户的权利只限于用户终端条款和服务条款框架下的消费者权利，将《第二人生》作为实在领土并要求保障用户的"公民权"，这种诉求是幼稚的。

阿里安·佰勒尔：众所周知，林登实验室将于近期推出用户注册登记政策的重大改革，这一变化也在居民们中间引发了许多忧虑和讨论，难道这种涉及所有人的政策变化不应该先征求我们的意见吗？我们在这里向林登实验室发起请愿，要求其在涉及所有人的重大政策变化前，在《第二人生》的社区范围内举行全民公投征求意见。对于他们来说，公投在技术上实现并不是难事。如果你也同意这一倡议，请在以下链接地址签名。

凯拉·阿巴特尔：我们不是公民，我们是林登实验室的顾客。哪怕是君主制的国家都可以有公民，但我们不是。凡事都询问我们的意见并不符合林登实验室的最大利益，否则它们早就已经这样做了。

阿里安·佰勒尔：的确，即使是君主制国家在涉及征税、人口等重大问题上也得考虑民意，否则就有可能面临民变。在虚拟世界里也一样，如果人们觉得他们自己对社会政策有影响力甚至决定权，他们才能更愿意待在这里。这也符合林登实验室的商业利益。

奥丹·麦克唐诺：我并不认为我们有权利要求林登实验室做什么。但我强烈支持林登实验室在重大政策变化的问题上应该听取我们的意见。

凯拉·阿巴特尔：同意签名。美国独立的历史告诉我们同样的道理，北美大陆难道不曾经是英国的领土吗？尽管和虚拟世界有所不同，但相似点也是惊人的。大英帝国的领土扩张源自对商业利益的追求，但随后新的领土变成了政治实体，并发展出其自己的社区、认同感，进而形成了新的民族。虚拟世界是人类新的"移民"，很快在虚拟世界中就会发展出新的政治实体，乃至新的"民族"。

马克林·戴卡德：这个比喻很愚蠢。英国没办法将美国"断电"或"关机"吧？但林登实验室就可以这么做。我们在这里没有任何"权利"——除了注销自己的账号。

阿里安·佰勒尔：直接将北美革命的历史和《第二人生》作类比也许并不完全合适。但事实上，英国的确将美国"断电"或"关机"了：如焦土政策（Scorched earth policy）[1]和经济封锁。

路西法·巴福梅特：历史上更相似的案例也许是东印度公司？或者是哈德逊湾公司[2]？

雷蒂夫·埃尔克哈特：我是新来的居民，我希望这个虚拟的社区最好不要有政治的问题。我来到这里就遵守这里的规则行事，如同一个在开明专制的国家一样，或者更恰当的比喻是如同我去参加一个健身俱乐部、主题公园时一样。民主不是解决一切问题的答案。

虚拟社区内部治理的矛盾和冲突从《第二人生》诞生的第一天开始就一直不断地出现。林登实验室为了避免过多用户生成的虚拟物件对服务器造成过大的负担，宣布对虚拟物件按照体积大小征收赋税。而在此之前不久，林登实验室还声明《第二人生》鼓励用户生成内容。这一组自相矛盾的规则造成的困境是：对于虚拟环境的贡献越大，需要缴纳的税收越高。用户们为了抗议这一规则，于 2003 年 7 月底发起了抗议行动。哈佛大学法学院教授、著名的互联网版权和法律专家、知识共享（Creative Commons）的创始人劳伦斯·莱斯格（Lawrence Lessig）也撰文声援用户，质疑《第二人生》鼓吹自己是用户创作内容的三维平台，却不允许使用者拥有自己创作内容的知识版权。在内外的巨大压力之下，林登实验室随后宣布更改了这一规则，开创性地首次将用户在虚拟现实环境中所创虚拟物品的知识产权明确归还给用户本人。该规则激发了《第二人生》用户的原创意识，在此基础上，逐渐形成后来虚拟物品的设计、生产、

---

1 焦土政策（Scorched earth，又称焦土作战）是一种军事战略（military tactic）。此战略包括当敌人进入或撤出某处时破坏任何可能对敌人有用的东西。在美国独立战争中，英国军队曾经多次使用该战略。中文中"焦土"的意思包括烧坏农作物来摧毁敌人的食物来源，古称坚壁清野。这个战术辞汇在现代使用上并不限于使敌人食物缺乏，还可以包括破坏遮蔽所、交通运输、通讯与工业资源。

2 哈德逊湾公司于 1670 年注册成立，是北美最早成立的商业股份公司，也是全世界最早成立的公司之一。

交易的虚拟经济体系。

虚拟世界中的知识产权只是诸多用户权利的一项。耶鲁大学法学院的杰克·巴尔金（Jack Balkin）教授认为虚拟世界中居民应自由而不受限制地进行与他人的互动，这种互动的方式和具体内容应与舞蹈、制作音乐、绘画等行为一样，被视作个人言论而受到宪法的保护。他举电影为例，当电影刚出现时，美国最高法院并不将其视作言论自由保护条款覆盖的范围，因为当时认为电影仅仅是"娱乐"，直到1952年才正式将电影收入言论自由保护范畴之列。巴尔金指出，作为商业或公共空间管制平衡的问题，需要平衡虚拟世界以保护虚拟世界中用户的言论自由。[1] 纽约大学法学院的詹姆斯·格里梅尔曼（James Grimmelmann）则认为，由于虚拟世界中真实存在的经济体系，开发商和自治体系应当对用户的财产权利负责。

二、虚拟社会治理机制

对于现实社会来说，功能正常的政府治理结构大体会从两个方面解决冲突问题。首先是事后调节（ex-post），通过社会冲突解决结构、机制和步骤，通过命令式或强制性的办法解决争端。其次是事前预估（ex-ante），通过制定行为准则，为可能的冲突提供可预估的解决结果。相似地，虚拟现实世界也存在着类似政府的治理体系，包括规则制定和规则实施两部分。通过改写程序编码，虚拟世界开发商可以为虚拟世界内的行为制定准则，从而约束相关行为。比如，倘若虚拟现实开发商想禁止虚拟化身点对点的瞬间传送（tele-port），只需简单地更改相关编码即可。与真实世界的物理性不一样，虚拟世界是网络空间中的智力产物，因此一切虚拟环境和虚拟社区的规则都可以改变。从这个角度来看，在虚拟世界中，代码即法律。

"代码即法律"的概念最早由纽约福德汉姆大学法学院教授乔尔·R. 赖登伯格（Joel Reidenberg）在信息法学研究中提出。[2] 他认为在互联网时代，程序编写者成了管理者。在早期互联网的基础架构中，控制着整个互联网核心运作的

---

1 Balkin J M. Virtual Liberty: Freedom to Design and Freedom to Play in Virtual Worlds. Virginia Law Review, 2004, 90（8）: 2043.

2 Reidenberg J R.Lex informatica: The formulation of information policy rules through technology.Tex. L. Rev, 1997（76）: 553.

就是 TCP/IP 协议，是严格执行这个协议的程序代码。在计算机网络世界里，所有的规则定义是以代码来实现的，所以代码就是网络空间的法律，选择怎样的代码，就是选择怎样的法律。

劳伦斯·莱斯格认为，对于网络空间的主张不仅在于政府不愿意规制，更在于政府不能够规制。[1] 网络空间生而自由，政府可以威慑，但网络行为却无法控制；法律可以通过，但其对于网络空间却没有实际意义。网络空间是一个完全不同的社会。那里有约束和管理，但应从下而上建立，而不是通过国家的指导建立。这个空间的社会应是一个完全自我的组织实体，没有统治者，没有政治干预。网络空间中的各种可能性由代码所决定——软件或架构使网络虚拟空间如此。"何时何事发生"是一种逻辑的表述，它阐明了在代码中所表述的一种关系。

如果说编程者指定了互联网和虚拟空间中的法律，那么谁又有权利控制编程者？万一那些只有开发商和程序员才知情的编码已然侵犯了宪法赋予公民的权利，那么谁能来重新找回二者之间的平衡？互联网不仅仅为社会结构和产业结构带来了变革，我们看到它对政治制度和治理结构也正在产生同样的影响。如今事实的发展是，互联网早就完成了从早期的无规制状态到规制状态的转变。每一次技术的突破又都是对既有规制的挑战和突破，因此需要新的规制来应对技术的变革。这里的规制不仅仅是管理的、法律的，同时也是道德的。

同时，并非所有的网络行为都可以通过编码的方法进行规制。第一，编码目前还无法领会文本的语义。例如，虚拟世界某用户对另一位用户的言语威胁或恐吓就很难通过计算机程序自动识别。第二，不是所有的冲突都可以通过事先制定规则而避免，比如言语攻击、诽谤，甚至性犯罪。[2] 第三，参与者需要一定程度的自由度。如果行为约束得过于严格，会削弱人们参与虚拟世界进行社会互动的动机。

正是因为编码只能限制而无法彻底消除冲突，因此虚拟世界的开发商必

1　Lessig L. Code：And other laws of cyberspace. ReadHowYouWant. com，2009.
2　新浪网报道，2007年《第二人生》里发生了一起恶性事件，某位虚拟人物声称被人强奸，当诸多媒体把它当作一则网络游戏中的花边新闻时，比利时的警方却真的开始立案调查了，并开始确认这是否真的是犯罪行为。http://news.sina.com.cn/c/2007-07-31/093613562886.shtml.

须要通过最传统的办法去完成计算机无法完成的工作：制定社会规范（social norm），并以文本的方式呈现和实施。当用户进入虚拟世界之初，必须同意终端用户条款（EULA）或服务条款（Terms of Service）。基于上述条款，运营商有权利对用户采取一切措施：包括将用户驱逐出虚拟世界。这种做法与古代或中世纪城邦惩罚异类或罪犯的方法一致。它是一系列法律和技术机制的综合结果，因为一旦用户违反之前同意的终端用户条款或服务条款，运营商就有权终止或取消合同，拒绝继续提供服务，并通过相应的技术手段确保惩罚的有效性（如永久性查封IP地址或账户注册实名制等）。

因此，"驱逐"对于约束用户行为是非常有效的管制手段，因为如同其他平台类网络服务一样，虚拟现实世界存在着系统锁定（system lock-in）和网络效应（network effects）问题。所谓系统锁定，是指用户在从某款产品转换到另一款竞争性类似产品时所需要付出的成本。比如，《第二人生》玩家决定转移到另一个虚拟世界平台时，将失去在《第二人生》中所有的虚拟物品资源和人际交往圈子；同样，一个《魔兽世界》的玩家决定转移到另一款虚拟世界的时候，他就将失去在魔兽世界中所积累的所有物品、等级和社会关系等。而网络效应是指一个社交网络平台的价值随着用户数量的增加而增加。正是因为这两个特性，导致所有社交网络类产品都很难实现完全的市场竞争。因而终端用户许可协议和服务条款就具备着强制性。

三、虚拟社会规制的有效性

在现实世界中，法律法规的制定是极其严肃和正式的。在大多数民主国家中，法律由专门的立法机构制定，经过商议程序通过后颁布实施。公民据此得知需遵守哪些新规则。相反，在虚拟现实世界中，社会规则的制定和更改一般来说都是非公开的，也无须经过自治程序审议通过。从这个意义上来讲，虚拟现实世界好像是虚拟的私人领地，领主可以随心所欲地制订各种规定。[1]

曾经也有一些开发商尝试着在虚拟世界中引入直接民主（direct democracy）体制来实现虚拟社会的自我治理。如1990年推出的一款图像类虚拟世界

---

[1] Zittrain J.ICANN：Between the Public and the Private—Comments Before Congress. Berkeley Tech，LJ，1999（14）：1071.

（LambdaMOO），在面世之初，运营商创新性地将自治体系引入其中，唯一的社会控制机制是一小群管理员，以"元老院"的方式管理。他们具有系统内最高的权限，包括可以将用户驱逐出虚拟社区，并将其在数据库中彻底删除。"元老"们凭借这一权力处理社会冲突。

在推出后，LambdaMOO 其用户数量迅速攀升，在一年内就达到近万人。由于迅速增加的人数，"元老"们发现很难再有足够的精力解决社会冲突并同时掌管虚拟世界的技术运营。尽管他们将之前用户共同遵守的潜规则制定成了成文的条规，并且将一些受信任的玩家招入仲裁委员会，依然无法应对虚拟世界内近乎无政府状态所造成的混乱和冲突。随后开发商宣布废除"元老院"，目的是试图迫使虚拟社区形成自我管理的体制，而非通过自上而下的威权式管理体制。此后开发商还在虚拟世界内开发了一套投票系统和会议工具来对争议问题进行协商。但事实表明，LambdaMOO 最终还是没有能够建立起一套类似于民主政府的管理体系。一个重要的原因是，其并没有被赋予驱逐问题用户的权力，在没有"极刑"裁判权的前提下，其治理体系的效果可想而知。到了 1995 年，虚拟社区内的争议越发严重和无法调停，开发商决定重新将系统回归到最初的开明元老专制体系。最早的虚拟世界中的民主体系试验宣告失败。

LambdaMOO 并不是虚拟现实社区民主自治体系失败的唯一案例。1995 年，麻省理工学院媒体实验室的艾米·布鲁克曼（Amy Bruckman）和米切尔·雷尼克（Mitchel Resnick）开发出一款针对媒介研究者和虚拟世界热爱者的文字型虚拟社区 MediaMOO。他们试图从 LambdaMOO 的失败案例中吸取教训，尝试在虚拟世界中建立代议民主制，以取代之前失败的直接民主制度。正如创建者之一的艾米·布鲁克曼在 1998 年的一次会上所解释的，新的社区"刻意地试图避免 LambdaMOO 的失误，通过建立虚拟议会的方式代议虚拟社区的规则，并且建立了一个可以每小时更新结果的投票系统，可以让'代表'们随时查看即时民意"[1]。然而布鲁克曼从未放弃过他对虚拟议会的控制权，而虚拟议会的代表们也从未试图成为唯一的权力机关。因此结果可以想见，虚拟议会在司法权和程序问题上陷入泥沼，投票和反馈系统中的意见由那些愿意并且有时间参与辩论

1　Bruckman A，Resnick M，The MediaMOO Project: Constructionism and Professional Community，http://llk.media.mit.edu/papers/convergence.html.

的人的言论所左右，而有质量的、有信服力的反馈意见在语言暴力中迅速被湮没，最终这次商议民主的试验也宣告失败。

LambdaMOO 和 MediaMOO 的案例表明，在虚拟世界中建立一个公开的、合法的、有效的自治民主治理体制是非常困难的。这让虚拟世界的开发商处于一个两难的境地：一方面，他们希望建立某种自治的管理体系从而可以节约大量的人力物力，不用处理虚拟社会矛盾问题；另一方面，自治民主体系的失败将导致大量用户的流失，并进而造成商业灾难。面对这一矛盾，此后的开发商大多保留虚拟社会治理的权利。这并非说缺乏民主自治体系，用户就对虚拟世界的开发商天然地不信任。虚拟世界的商业目的性也要求开发商去考虑用户对于规则的满意程度，但这一自上而下的机制缺乏透明度、正式性和程序公平性。

四、虚拟社会规制的实施

社会规则一旦被制定，就需要被有效地执行。在现实世界中，法律执行需要通过专门的司法机关完成。虚拟现实世界的开发商也试图建立起一套法规执行机制，自上而下地完成制度过程，并且最大程度上与自下而上的用户需求相呼应：当虚拟社会中出现冲突或争议时，用户会向开发商提出政策建议。前文 LambdaMOO 案例中，当"元老"制度被废除出现管制真空期的时候，一位名叫 Mr. Bungle 的用户向其他用户发起性骚扰。[1] 尽管这一行为最终被制止，但对 Mr. Bungle 采取什么样的惩罚措施在社区产生了争论。社区就这一问题产生了大量的讨论，但始终未达成共识，直到一位管理员在未告知所有人的情况下就直接删除了 Mr. Bungle 的账号。这也预示着独断性的社区治理在无止境的商议面前具有果断的执行力。

---

[1] 1992 年 3 月，在文字 MUD《兰达姆》(*LambdaMOO*) 中发生了一起虚拟强暴事件：一个网名"胡搞先生"(Mr. Bungle) 的黑客使用一个叫作"巫毒娃娃"(Voodoo Doll) 的程序，对游戏进行修改，从而获得了对其他虚拟角色的控制权。他利用这一程序，强迫其他女性玩家的角色同自己的角色或是相互之间发生性行为，让她们在游戏中做出遭强奸的动作，利用这一方式羞辱女性玩家。虽然这起事件发生在网络虚拟世界中，而且是以文字的抽象形式呈现的，但还是对现实世界的玩家造成了伤害。有报道称，被"强暴"的某个角色的女性玩家痛哭流涕，仿佛亲身受害，她在网上宣泄自己的愤怒，并发誓要对这个自称长着一副滑稽小丑模样的"胡搞先生"施以报复。"胡搞先生"的所作所为引起公愤，最终他被元老"处决"，从系统中删除了账号。恐怕连"胡搞先生"自己都没有想到，他一时的胡搞竟然会引发互联网上一场旷日持久的大讨论。1994 年，纽约大学专门就此事举行了一场研讨会，讨论网络使用者的自治问题。之后的十多年时间，他的这一劣迹被作为虚拟世界道德伦理与法律体系建设的反面案例，在专家学者的论文中被反复提起。

自下而上地建立法规执行机制尝试的失败，使得不少开发商试图建立一套高效、公平的机制。Ultima Online 采取了类似 eBay 那样的声誉系统，给不当举止行为的用户打上色彩标签，警告其他用户不要轻信其言行。而林登实验室则在《第二人生》中采取了另一种方法，它将自己定位成公共空间承载者（common carrier）以及平台开发商，而非管理者或者虚拟政府，将争端解决留给居民自身解决，尽量避免制订正式的争端解决政策。在遭遇居民投诉的时候，林登实验室也会派出调停员，但并不负责争议双方协议的实施，除非有任何一方违反了用户协议或现实世界中的法律法规。

虚拟世界《沙漠传说》（*A Tale in the Desert*）则建立起了一套可供化身自行通过民主形式形成法规的方法，前提是这套法规的执行可以完全依赖计算机程序执行。惩罚措施包括限制虚拟化身在虚拟世界中的活动区域范围，最严重的是永久性驱逐。然而，执行是否成功取决于虚拟世界中霍布斯式的政治哲学，即社会冲突是常态，而用户并不能期待开发商以全能型政府的面貌出现，对虚拟世界中从性骚扰到种族歧视等大大小小的问题都能予以亲自解决。

五、抗争与压制

从 Web 2.0 时代开始，关于网络平台的公共性与开发商的企业规制之间的矛盾和冲突一直是学界探讨的问题。诸如博客、微博及其他社交网站表面上是承载着公共话语空间作用的网络平台，事实上却是网络公司的私有领地。用户在遵循"相关政策法规"之外，更要服从该网络公司内部规章条例的直接管理。互联网公司在执行"家法"（如删帖、删号、删账户）时应保证一定的透明度。哈佛大学伯克曼中心曾对此作专题研究，提出一系列企业行为准则的建议，如必须尽到告知义务，以及让用户保存和导出个人数据的义务等。[1] 在网络虚拟现实世界中，企业和"系统"成为虚拟环境中看不见的"老大哥"。正如《南方周末》《系统》[2] 一文所描绘的虚拟世界中的图景：与赛博朋克（cyberpunk）中所

---

1 Nolan C, York J. Account deactivation and Content Removal: Guiding Principles and Practices for Companies and Users, http://cyber.law.harvard.edu/publications/2011/account_deactivation，2011-09-20.
2 2007 年年底《南方周末》记者曹筠武的一篇长达 12 000 多字的新闻特稿《系统》，通过玩家吕洋（女）的故事，详尽深入地描述了发生在时下最火爆的网络游戏《征途》中令人触目惊心的故事。尽管篇幅很长，但仍被诸多感同身受的网友在各大论坛频频推荐追捧，并被评价为"近年来读到的最好、最注重细节、最引人入胜的网游报道"。曹筠武也凭《系统》一文获 2009 年骑士国际新闻奖。

预言的反乌托邦的后现代景观相呼应，现实与预言中的情形一样，虚拟世界中的抗议、冲突围绕黑客、人工智能及大型企业之间的矛盾而展开。庞大的互联网公司取代政府成为虚拟世界中的公共政策制定者，继而成为权力的中心，并进而展示出公司王国（Corporatocracy）的丑陋嘴脸。

正因于此，在虚拟世界中抗争和反压制的力量一直存在。并以群体性抗议、黑客破坏行为等方式表达着用户们的反抗。在《第二人生》中存在着一个被称为"第二人生解放军"（Second Life Liberation Army）的组织。该组织由《第二人生》内的居民自发组成，目的是为居民们争取基本的"政治权利"，主张《第二人生》里的事情应该由全体公民投票表决，反对林登实验室的"独裁"。为了防止《第二人生》变得过于商业化，该组织曾经策划过一个活动，在进驻《第二人生》美国服装品牌 AA（American Apparrel）公司的虚拟大厦前举行抗议，甚至打击进入大厦购买衣服的虚拟居民，导致不少居民离开大厦从而阻止交易的发生。直到 AA 公司投诉并修改了虚拟建筑的代码，才阻止了这一"武装事件"的发生。该组织曾发表声明称：

> 本组织成立于 2006 年 4 月，原因是当时林登实验室突然宣布可以接受新用户创造无须经过身份认证的虚拟化身，并且对经济政策进行了大规模调整而未征求原有用户的意见。这引发了广泛的不满和抗议，我们意识到作为虚拟居民的权利和利益在林登实验室"老大哥"式的统治下无法得到保障，因此成立该组织。当正常的沟通渠道无法满足的时候，我们只能通过黑客的办法发出我们的声音。组织的固定成员人数并不多，活跃的核心成员在 30 人左右。一些志愿者临时性地加入。同时我们对于成员的技术有着较高的要求。我们的终极目标是要求林登实验室以更加民主的方式进行治理。《第二人生》已经是一个公共领域，而非林登实验室的私人空间，应该将重大事务的决定权归还给居民。[1]

类似的事情并非孤例，在《第二人生》中还出现过针对语音聊天系统而发起的居民抗议，因为这一系统可能会导致用户真实性别、年龄、口音等个人信

---

[1] The Sydney Morning Herald：NB XC-72 Time-bending Design：https://www.smh.com.au/national/virtual-terror-strikes-second-life-20070224-gdpjli.html，2007-02-24.

息通过语音聊天而泄露。最终林登实验室接受了用户的抗议，在语音系统中添加了"变声"功能，从而实现便捷性和隐私保护这二者之间的平衡和妥协。

在其他的网络游戏或虚拟世界中，类似针对开发商的抗议事件也常常发生。如在国内由上海征途网络科技有限公司开发的大型多人在线角色扮演游戏《征途》，在资本市场受到追捧的同时，各种原因所导致的虚拟世界中的玩家的虚拟抗争事件频发，使其盈利模式以及虚拟世界的系统管理模式受到了广泛的质疑。

2006年11月16日，《征途》全服务区玩家数据出现异常，官方决定将游戏档案恢复至当日中午11点存档。档案恢复时，总在线玩家约60万，玩家损失巨大。事发后，《征途》官方首页就此事发表公告称，"由于服务器数据异常，导致所有服务区的玩家角色资料将回档约1个小时。回档后，大家可能损失部分金钱和经验"。下午1点开始，近200名玩家堵住游戏中"皇城"与"边境"的大门以示抗议。因大门被堵，很多玩家被困城内，游戏无法正常进行。在官方游戏论坛，玩家发帖称，其他服务器也有相似抗议活动。为弥补玩家，官方宣布游戏将开放6小时的双倍经验时间，同时，对于回档给部分玩家造成的金钱、金币及装备丢失等问题，玩家可到游戏论坛置顶帖后跟帖进行反馈，官方将在最短时间内予以查核解决。

2007年1月，征途公司为了反游戏外挂，未经过玩家同意便强行扫描玩家的内存、硬盘，引发了玩家对于个人隐私泄密的强烈质疑和反弹。2007年1月9号下午，大量玩家相约在征途网络游戏新开的服务器中集结，组织了一场较大规模的玩家堵路事件。

2007年的5月1日，《征途》由于"保险绑定"的虚拟货币政策更改问题再次导致罕见的大规模抗议事件。官方推出的新规定导致部分玩家每个人损失近万元。5月2日晚，更多玩家开始大规模聚集，堵在《征途》游戏中的皇宫门前公开抗议。同时网络上开始出现大量帖子，讨论《征途》"保险"绑定问题。此后有玩家对征途公司提起了诉讼。

2010年10月15日凌晨，巨人旗下新产品《征途2》官网被玩家攻击，一只怪异的兔子占据画面，无法正常进入官网页面，也不能查看任何相关信息。这只占据了《征途2》官网的兔子形象，被肇事者冠以"征途兔"的名号，兔子的形象实在难以称之为好看或可爱，手拿破刀一把，脸上还甩着一绺鼻涕，同时在背景上还有"刻章办证"等恶搞元素。《征途2》是2010年巨人网络十分看重的新产品，突然"遭黑"，外界对其原因有颇多猜测，有人认为是因为10月15日《征途2》研发测试结束后关服删档，刺激了一些激进玩家的不满情绪，其中的技术达人动手将官网黑掉泄愤。

虚拟现实环境赋予了用户以新的自由度和新的社会交互可能，但商业主义极权的幽灵依然缠绕在虚拟环境的上空。尽管在这场虚拟国度中发生的博弈里，用户利用"系统"赋予的"行动能力"进行集体的抗议，方式包括集体组织堵门、集体组织拦路、组织集体下线等。但终究看不见的手无处不在，修改着"系统"的规则，完成了对虚拟现实所谓"解放性"的背离。

在前文提到的《系统》一文中，核心主题是关于虚拟世界中的自由与禁锢、金钱与政治。当用户觉悟到自己在过着一种"被控制"的生活而试图反抗时，抗议却遭到无情管制。玩家在游戏中非议"系统"，他们的话却被变成了一连串的星号，他们聚集到游戏中的广场上抗议，因此被关进了在游戏地图中根本不存在的监狱：虚拟的"古拉格群岛"。与现实世界唯一不同的是，文章中的这名玩家有机会选择不再回到这个虚拟世界。这一反乌托邦式的情景提醒所有技术至上主义者，网络版的《1984》如影随形，在虚拟的世界中也同样可以发现集权政治的影子。

第二节　虚拟/现实治理冲突

虚拟和现实世界之间的相互渗透，虚实之间的界线越来越模糊所导致的"溢出效应"对于虚拟和真实世界中的管制提出了新的挑战。因此，需要从虚拟世界和真实世界关系的视角上研究 Web 3.0 时代虚拟社区治理。

一、布拉格诉林登实验室案（Bragg v. Linden Lab）

2006年，美国宾夕法尼亚州（下称"宾州"）律师马克·布拉格（Marc Bragg）（在《第二人生》中虚拟替身名为 Marc Woebegone）发起了针对林登实验室的民事诉讼，指控游戏公司无故冻结其游戏账号，要求公司对其损失进行经济赔偿。林登实验室则认为，布拉格利用系统的漏洞，在虚拟市场上以极低价格获得大量虚拟土地，并继而转手获利，因而违反了《第二人生》的用户使用条款。该案件成为虚拟现实世界相关法律诉讼第一判例。其原因、判决所引法律条文对其他类似的案件都具有里程碑式的标杆意义。

2006年5月1日，布拉格向宾夕法尼亚州西切斯特地区法院提起诉讼，随后他将被告改为林登实验室和《第二人生》的创建者菲利普·罗斯代尔。林登实验室随后迅速作出回应，认为罗斯代尔与布拉格从未谋面，常住地址也在加州而非宾州，因此西切斯特地区法院无审判权，应驳回对罗斯代尔的起诉，或将该案件移交到联邦法院。并且试图迫使原告布拉格参加以《第二人生》的用户条款为基础的强制性仲裁（Mandatory arbitration）。

2007年5月30日，宾州东部地区法院法官爱德华多·C. 罗贝诺（Eduardo C. Robeno）驳回了林登实验室关于"无审判权"的申诉，原因是罗斯代尔达到了审判权的最低关联门槛（minimum contacts threshold）。同时也拒绝了以《第二人生》的用户条款为基础的仲裁的申请，原因是该条款对双方并非公平，明显倾向林登实验室。

2007年10月4日，林登实验室发表声明，宣布已经和布拉格达成了私下和解。布拉格在《第二人生》中的账号和拥有的所有虚拟物品都已经被恢复。这起关于虚拟土地的争议表面上是关于虚拟财产所有权的问题，但从更大的范围看，实质上是关于虚拟世界的开发者与参与者之间的责权关系问题。法官罗贝诺认为，案件是全新的司法惯例，旨在安排未来虚拟世界拥有者/创造者与居民/用户之间的权利关系。

事实上，类似的争端也不仅仅发生在《第二人生》中，另一款在线虚拟现实社区"EVE Online"也发生过一起著名的虚拟财产纠纷。一个叫卡利（Cally）的玩家在虚拟世界内部创造了一个虚拟的投资银行，并许诺以丰厚的投资回报，从而吸引了大量的用户投资。该虚拟银行总共吸引了大约7 900亿ISK（EVE Online的虚拟货币单位）的投资，价值17万美元。但随后该玩家将所有的投资兑现后跑路。投资者血本无归。尽管该行为明显属于欺诈行为，但却并没有违反任何EVE Online的用户条款和规则。一些人只好自认倒霉，认为想要追回这笔钱如同"和赌场上赢了你钱的人打官司"。另一些人则迁怒于虚拟世界的开发者，认为开发商应该对这名实施欺诈的玩家采取行动。

二、强制性仲裁与长臂管辖权

布拉格诉林登实验室中有几个核心争议点对未来的相关法律判决有着指导性意义：

（1）林登实验室试图根据用户条款，要求布拉格参加强制性仲裁（Mandatory arbitration）。而布拉格认为，用户条款的实质是格式化标准合同（contract of adhesion），用户只能全盘接受或全盘拒绝服务，并无协商空间。林登实验室则提出，尽管用户条款是格式化合同，但同一市场上有诸多类似服务提供商可供用户选择，因此，不存在"霸王条款"的问题。最终法官支持了布拉格，理由是尽管在线虚拟现实社区有许多，但给予用户以虚拟物品知识产权的只有《第二人生》一家。

（2）长臂管辖权（long arm jurisdiction）和最低关联（minimum contacts）。美国涉及互联网的法律诉讼中都涉及长臂管辖权的司法原则。所谓长臂管辖权，是指特许本地法院，接受针对处于外州被告的诉讼。总体上说，通常会在侵权纠纷或合同纠纷中使用长臂管辖权原则。一般来讲，长臂管辖权授予的前提是被告在法庭所在地有着"最低关联门槛"。该门槛是美国法律中关于法庭是否可以接受针对所在州以外被告的起诉。美国最高法院对此作出相关规定，即一州法院无权接受对所在州以外的被告的起诉，除非该被告与法庭所在州有着密切联系。

法官罗贝诺在本案中认定宾州法院有权接受针对远在加州的《第二人生》创始人罗斯代尔的诉讼，因为其已经达到最低关联门槛，其原因如下：一旦进入虚拟世界《第二人生》，参与者可以看到虚拟财产，阅读到关于购买虚拟财产的相关信息内容，与虚拟财产的拥有者在虚拟世界中进行互动，最终完成虚拟物品的购买。更重要的是，参与者甚至可以在虚拟城市大厅的虚拟空间中与罗斯代尔的虚拟替身互动。[1]

1　Bragg v. Linden Research, Inc., 487 F. Su 2d 593（E.D.Penn. 2007）.
　　http://www.paed.uscourts.gov/documents/opinions/07D0658P.pdf.

三、终端用户许可协议

一般来说，约束在线虚拟现实社区（以及网络游戏）中发行商和用户之间关系的主要依据是终端用户许可协议（end user license agreement，EULA）和服务条款（terms of service agreement，TOS）。相关的条款以格式合同的形式，要求用户在注册时必须接受才能进入虚拟世界。

但正如上述案例中所反映的，这样的约定形式在现实运作中存在着瑕疵和问题。首先，在线虚拟社区市场并不是完全竞争的市场环境，因为存在着系统锁定和网络效应问题，因而终端用户许可协议和服务条款就具备着强制性。

其次，开发商根据条款获得几乎无限的管理权限，而用户处于完全弱势的地位。许多在线虚拟世界的终端用户条款规定，用户对在线社区内虚拟财产没有任何权利，即使是用户自己的虚拟物品也同样如此。这些虚拟物品在现实世界中实际上是有真实的价值的。例如，《魔兽世界》的终端用户条款这样规定：

> 所有游戏内及相关物品的所有权、知识产权及相关产品的复制品（包括但不限于编码、主题、物品、角色、角色名称、故事、对话、概念、角色物品、角色设计、动画、声音、视音特效及相关文献）都归暴雪公司所有（Blizzard）。[1]

《第二人生》在所有类似的产品中最大的特点就是让渡了用户拥有虚拟物品的知识产权。尽管如此，林登实验室还是保留了巨大的权限：

> 你同意林登实验室拥有管理、规范、控制、更改或消除虚拟货币的权利，同时林登实验室在行使这些权利的时候对你不承担任何法律责任。[2]
>
> 林登实验室有权在任何时候、以任何理由或无理由暂停或终止你的账号，结束该条款并拒绝再向你提供服务而无须通知你或对你承担法律责任。一旦这样的服务暂停或终止，你知道并同意不会接受到任何退款以及与你账号相关的

---

[1] World of Warcraft End User License Agreement, 3A, http://www.worldofwarcraft.com/legal/eula.html（last visited Oct. 22, 2008）.
[2] Second Life: Terms of Service, 1.4, http://secondlife.com/corporate/tos.php.

内容数据及其他。[1]

根据上述条款，林登实验室可以在任何时候任何状况下取消向用户兑现虚拟货币。根据林登实验室公布的数据表明，虚拟经济体中有着巨大数量的资金流动。这样的用户条款规定就将用户的经济安全置于非常危险的境地。

终端用户协议的另一个问题是内容连篇累牍，一般用户很难完整阅读。大量法律和技术术语使得普通用户很难读懂中间的法律争议议题及可能的陷阱，一般用户只能直接选择无条件接受。更加严重的是，多数终端用户协议都包含允许开发商享有在事后任何时间修改条款而不必通知用户的权利。

尽管如此，终端用户条款在法庭上不一定具备完全的法律效用，至少条款哪部分可以被法庭采信尚很模糊。比如上文所提到的布拉格诉林登实验室的案例中，法庭就并未采信《第二人生》中的用户条款。这就意味着从法律层面看，虚拟世界开发商和用户之间的权利分配非常模糊。格式合同倘若违反自愿原则或和其他公共政策、法律法规相矛盾，则有可能被宣布无效。[2]

---

1 Second Life: Terms of Service, supra note 40, 2.6, http://secondlife.com/corporate/tos.php.
2 Sandeen S K, The Sense and Nonsense of Web Site Terms of Use Agreements, 26 Hamline L. Rev. 2002（26）: 499.

第九章　结论与展望

《赛博空间独立宣言》(节选)

工业世界的政府，你们这些肉体和钢铁的巨人，令人厌倦，我来自赛博空间，思维的新家园。以未来的名义，我要求属于过去的你们，不要干涉我们的自由。我们不欢迎你们，我们聚集的地方，你们不享有主权。

你们从来没有参加过我们的大会，你们也没有创造我们的市场财富。对我们的文化、我们的道德、我们的不成文法典，你们一无所知，这些法典已经在维护我们社会的秩序，比你们的任何强制所能达到的要好得多。

我们正在创造一个新世界，人人都可以进入这个世界，而不必考虑由种族、经济力、武力、出生地而来的特权或偏见。

我们正在创造一个新世界，人人、处处可以表达他或她的信仰，无论这种信仰是多么古怪，而不再害怕被强制沉默或强制一律。

我们的身份不涉及肉体，所以和你们不一样，我们不能通过肉体的强制来获得秩序。我们相信，我们的治道将从伦理、明智的自我利益和公益中产生出来。我们的身份可能分布在你们许许多多的法律管辖中。我们全部的立宪文化能够普遍认可的唯一法律就是这样一个法则：己所不欲，勿施于人。

我们将在赛博空间创造一种思维的文明，这种文明将比你们这些政府此前所创造的更为人道和公平。

瑞士达沃斯

1996年2月8日

约翰·佩里·巴洛（John Perry Barlow）

约翰·巴洛在 1996 年提出《赛博空间独立宣言》,他认为是时候建立一个独立的网络王国。而戴维·杰勒恩特认为集体智慧会成为控制网络虚拟世界的力量。他举例说,1620 年一群清教徒决定坐船去美洲大陆,他们想建立一个村庄,有农场,进行小规模的建设和生产。没有人告诉他们应该做什么,或者怎么做。因此,他们将对于世界和社会的经验、印象和想象投射到新世界开辟的过程之中。

虚拟现实早在 20 世纪 80 年代被提出,很快成为风靡一时的话题和概念,曾经被寄予了极高的期望,被认为是改变未来的媒介形态,但 40 多年过去了,原先预想的技术革新所带来的大规模扩散并没发生。一方面是因为虚拟现实的概念和技术语境在这 40 多年中发生了巨大的变化,按照最初纯粹技术定义的虚拟现实到目前为止仍然存在着种种技术障碍。目前,虚拟现实中的物体及人物模型依然粗糙,受到网络基础设施的影响,如网络延时问题依然是影响虚拟环境中交互即时性的问题。

如黑勒斯(N Katherine Hayles)说,当我们一窝蜂地去寻找赛博空间给我们提供的殖民远景时,别忘了这个不可取代的物质世界的脆弱性。[1] 虚拟现实面临的另一大问题是文本的不兼容性和高度的语境化。法国哲学家保罗·利科(2008)认为,对于文本有两种解读方式:一种是高度语境化(hyper-contextualization)的解读,另一种是去语境化(de-contextualization)的解读。以《第二人生》为例,在计算机网络中构建出来的虚拟环境的每个元素尽管都来自真实环境的模本,但虚拟环境和真实环境的语境却并不能彼此兼容。在虚拟世界中,虚拟的风吹动虚拟的树,虚拟的日月星辰会随时间而起落,虚拟的浮云也会形成和消散,但这一切现象的背后都没有真正的因果关系,其对于虚拟世界的影响也止于表层。近年来,元宇宙的概念兼容了增强现实与镜像世界的概念,也标志着虚拟现实建构范式的转变。增强现实试图通过无线互联网技术、个人移动智能终端和 GIS 技术,将信息层直接叠加在现实世界的物理层之上,从而形成可直观信息化的物理世界。但这里要指出的是,即使在上述两种新范式中,同样可以用法兰克福学派的方式,批判地审视貌似镜像的世界背后那些扭曲的权力关系。

---

1 Hayles N K. The condition of virtuality.The Digital Dialectic:New Essays on New Media,1999:68-95.

第一节 技术史与社会建构

传播学对人类历史上所出现过的媒介都曾进行过逐一的探讨和论述。伊丽莎白·爱森斯坦在《作为变革动因的印刷机》中，研究了15世纪中叶兴起于欧洲的机器印刷，但不局限于研究印刷术本身，而将其视为欧洲近代史的主要动因，研究其对于欧洲人文主义、文艺复兴、宗教改革、近代科学、启蒙思想和工业革命的影响。英尼斯对历史上的传播介质（如石头、泥板、羊皮纸、纸张，以及象形文字、楔形文字和拼音文字）进行考察，指出在一个文明中主导性的传播媒介会偏爱某种形式的空间取向或时间取向。前者"促成"社会去倚重风俗和血缘的传承及神圣的传统，但妨碍个人主义成为革新的动力，但从表情性的传播中，它却允许个人主义的兴盛；而后者所偏向的文明常以社会等级制度为特色。麦克卢汉更是将"媒介"的概念拓展到服装、道路、住宅、汽车等。莱文森则在《软利器》中分析了从古老的文字到今天的互联网，并初步探讨了虚拟空间。对于媒介环境学学派的学者来说，媒介并不是一个空洞的、没有价值的工具性载体，而应同时将目光放在媒介技术形态的建构、技术特性和宏观历史社会的关系之中。

虚拟现实的技术形态、业态和生态都在过去的几十年里发生了革命性的变化，并且影响着下一代媒介技术与内容环境的构建，也孕育着巨大的商业机会。正如20世纪的传媒学者对于电影、电视和广播的研究一样，对于媒介研究来说，虚拟现实技术的演化历史也提供了一次千载难逢的机会，让研究者去观察属于这个时代的一项全新的媒介在技术上是如何诞生的、形态是如何演化的、应用是如何下沉的。

对于新型的媒介形态，为了研究技术创新所带来的社会转型的可能性，我们有必要在其大规模扩散前进行前瞻性研究。前瞻性地研究即将出现的媒介形态和媒介系统，其目的在于更好地理解它们潜在的可能性和问题。作为新的极富潜力和想象空间的媒介形态，虚拟现实提供了一个绝佳的历史机遇。由于虚拟现实技术极强的衍生与拓展性，其应用形式也在不断丰富，成为互联网前沿研究的主要对象。从网络游戏的应用，进一步拓展到对于现实世界的镜像模拟。一个网络虚拟空间的经济总量曾经一度可以超过世界多数国家的GDP。现实的人际网络、经济关系、商业模式在网络虚拟现实中复制、创新与拓展。对于网络虚拟现实的研究，已经远远超出了传统媒介研究的范畴。

对照虚拟现实的发展历史与保罗·莱文森的"三阶段论"我们可以发现，在虚拟现实出现之初，其作为新鲜玩意的媒介特性吸引了诸多的目光和关注点，此后向娱乐游戏领域的下渗也同样体现了作为"玩具"的第一阶段。此后，随着虚拟现实平台的开放性不断增加，用户生成内容的数量不断增多，越来越多的真实世界的政治、经济以及文化团体开始在虚拟现实世界中形成，恰好暗合"镜像"的暗喻。根据麦克卢汉"旧媒体的形式都将成为新媒体的内容"这一观点，虚拟现实世界中存在的虚拟报纸、电视、电影等都可以视作旧媒体的虚拟陈列。随着技术的日益成熟、成本的不断降低，虚拟现实不再仅仅是一个与现实社会相区分割裂的"异质空间"，而会成为现实社会的"镜像"；同时虚拟现实中的社会情绪也会"溢出"到真实环境中。

在鲍德里亚看来，在信息社会中，客体（大众、信息、媒体、商品等）的无限增殖最终逃脱了主体的控制，实现了主客体之间的角色逆转。他的理论改变了贯穿西方形而上学中主体对客体的统治这条主线，他认为这种统治已经结束，建议个人应当向客体世界投降，并放弃主宰客体的计划。他的这种理论充分反映在当代文艺作品中，电影导演沃卓斯基兄弟受到鲍德里亚哲学思想的影响，在他们的电影《黑客帝国》中再现了鲍德里亚所描述的后现代社会的阴暗面。此外，持有相同观点的还有利奥塔（Jean-Francios Lyotard），凡蒂莫（Gianni Vattimo）和波斯特（Mark Poster）等著名学者。后现代学派的学者大多强调后现代社会的非理性，突出非线性、无序、不稳定、双向互动等特质。

第二节　元宇宙社会的基本形态与特征

虚拟化身不仅仅是用户进入虚拟世界的手段，并且也是用户自我表达的方式。在 Web 3.0 时代的虚拟现实之中，虚拟化身秉承了后现代主义理论中关于"流动的身份"的理念，可视作用户对于自我认同感的重新设定，以创造一个替代性的自我形象。在个人虚拟化身的形象中，性别、种族、外貌的设置都反映了用户的心理需求，并且对真实的心理和性格有着反向的塑造作用。

元宇宙时代的一个重要特征是虚拟化：数据关系以虚拟的空间逻辑关系组织与呈现。作者提出虚拟空间"再地域化"的概念，认为人类学家马克·奥热所言"非地域化"的后现代社会图景在 Web 3.0 的虚拟现实时代已经发展到了新的阶段：尽管在线虚拟现实是对 MUD 和 MOO 的继承和发展，但其三维的"虚拟化"使得它与传统的聊天室、BBS 或社交媒体之间存在着显著的差别。在线虚拟现实世界提供了通过二维网站所无法比拟的沉浸感和参与度。简言之，它将实体的空间感重新带回了计算机中介传播之中。通过再地域化，虚拟现实可以实现以下三方面的传播效果：（1）由虚拟环境产生的"在别处"的感觉，即前文所述的实体空间感；（2）"在别处"的现实认知感受；（3）参与者对于虚拟现实作为现实的认同。

如果说虚拟现实的技术属性提供了虚拟的空间环境的话，那么 Web 3.0 时代的虚拟现实社会属性将这个纯粹的空间结构化、社会化为具体的场所，成为 Web 3.0 时代社会形态和社会互动的容器。因此，用户对于虚拟现实作为现实的认同程度，在很大程度上并不来自其沉浸式的技术属性，而是来自其背后丰富、复杂的社会交互和对人造物的主观诠释。这也印证了社会在场理论，即新媒体的传播效果取决于该媒体提供给用户的"身临其境"的社会情境感知状态。

这样的场所不仅仅是虚拟现实的容器，更是身份认同的手段。"传播的仪式观"被定义为"以团体或共同身份把人们吸引到一起的神圣典礼"，提出传播实质上是一种通过符号来使现实得以生产、维系、修正和转变的过程，是一种分享意义的文化仪式。在虚拟世界的流动空间内，虚拟的社群形成、发展不仅仅依赖于信息的传输，本身在线虚拟现实就可以被视为一种特殊的仪式或表演。一方面，注重的是本身或替身所处的空间转换；另一方面，虚拟环境将位于不同地域的人集合在一起完成某种任务，消除了传统疆域的界限，组成了新的社群文化和仪式。

虚拟空间的生产实际上是资本主义生产模式维持自身的一种方式，它为资本主义的生产创造出了更多的空间。虚拟现实一方面在自己的虚拟空间内部复制了资本主义的符号消费和生产方式；另一方面，虚拟世界的生产关系甚至会"溢出"到真实世界当中。

这样的经济关系促使在 Web 3.0 时代的虚拟现实世界中形成了复杂的经济体系，并且以虚拟货币为纽带，对现实世界的经济体系造成实质性的影响。在《第二人生》中，存在着虚拟货币、虚拟土地交易、虚拟二级市场、虚拟股市、赌场和税收等一整套虚拟经济体系。但实质上，所有这些经济行为都不具备实体性的物质基础，甚至不具备一般网络游戏中虚拟道具的实用性功能。从这个意义上来说，虚拟经济的基础是基于符号的消费。虚拟经济具有产权的真实性、竞争性和持续性等特点，因而可以满足人们在 Web 3.0 时代的体验式消费、社会关系消费的需求。

在 Web 3.0 时代，全新的媒介生态也对互联网政治传播提出了新的课题。2008 年，美国总统竞选第一次尝试在虚拟现实环境中进行政治宣传与政治动员。2007 年，法国总统竞选成为虚拟政治一次全新实验，并在《第二人生》中引发了针对候选人的大规模抗议。而在亚洲的日本，1950 年制定的《公共部门选举法》依然约束了候选人在选举期间对电子媒介的使用行为。此外，瑞典等一些国家已经开始使用《第二人生》作为外交的场所。Web 3.0 时代的虚拟政治活动不但存在和真实世界政治行动复杂程度类似的动员和组织行为，同时示威、破坏本身也是高技术难度的行为。

总之，Web 3.0 时代，虚拟现实中的政治行动具有以下几大特征：（1）与传统点击主义式的政治行动参与不同，这种虚拟现实中的政治行动可被视为针对特定政治团体、个人或意识形态（无论是线上或线下）、有组织的网络行为；（2）在虚拟现实环境中，政治传播重建了情绪化的、面对面的、体验式的、临场的人际互动关系，是高度拟人化的、具身化的传播方式；（3）有可能打破社交网络中观点聚合的"回声效应"；（4）在拟人的人际传播中存在着 Web 3.0 时代独有的信息筛选机制，摒弃了对于物理世界中交互属性的恪守，在增加了对话平等性的同时，也可视为一种新的操控。

另外，虚拟现实社会内部治理问题可分为两种：一是虚拟现实社区内部的社会规则制定和管理过程；二是虚拟和现实世界之间的法律及其他治理冲突。在线虚拟现实社区（以及网络游戏）中的发行商和用户之间的关系主要依据终端用户许可协议和服务条款进行约束。但在实际中，开发商根据条款会获得几乎无限的管理权限，而用户处于完全弱势的地位上。

第三节 元宇宙时代的媒介素养

在线虚拟世界的应用因常常与沉迷相联系而有着不好的声誉。但就"沉迷"问题，学术界也存在着诸多不同的看法。一些学者主张从逃离主义（escapism）的角度理解，认为沉浸在网络游戏中是对现实生活的暂停和回避，如同定期旅游一样，还可以缓解真实生活压力。一些学者从文化研究的角度对沉迷现象进行解读。雪莉·特克尔（Sherry Turkle）认为"沉迷"的说法无视这个现象的复杂性，从根本上蒙蔽了我们的眼睛，令我们无法接近网络上的有趣对话及其意义。西莉亚·皮尔斯和汤姆·伯尔斯托夫（Celia Pearce & Tom Boellstorff）也主张重视多人在线游戏和虚拟世界中的新兴网络文化现象，而不能仅仅将其视为"愚蠢的游戏"（silly games）。从经济学与经营的角度解读，有学者认为所谓沉迷实质上就是用户对于网络游戏品牌的忠诚度[1]；有学者则认为虚拟世界中的经济体系是吸引用户"沉迷"的主要原因，用户可以通过售卖虚拟物品或者提供虚拟服务挣得虚拟货币，进而转化为现实货币或购买力。另有学者从社会心理学的角度出发，研究网络游戏中的社交行为和虚拟替身，认为可以从社会身份理论[2]出发，理解沉迷现象背后"陪伴"的需要以及虚拟现实用户通过虚拟世界中的社交得到自我感知。

在中国，随着网络游戏沉迷问题的负面新闻越来越多，国家从制度层面上也对网络沉迷防治问题的机制作出了探索与尝试。从 2004 年开始，新闻出版总署就开始研究通过技术手段防止"沉迷"。次年，新闻出版总署出台《网络游戏防沉迷系统开发标准》。并在盛大、网易、九城、光通、金山、新浪、搜狐七家互联网公司的网络游戏上首先进行试点。同时，新闻出版总署还配套出台了《网络游戏防沉迷系统实名认证方案》，配合网络防沉迷系统的实施。该系统受到了不少教育界人士、家长的支持和好评。但在实际运行的过程当中还存在许多漏洞。系统实施后，就出现许多向未成年人出售成年人个人信息的网站。同时防沉迷系统只针对某一特定游戏进行时间设定，但倘若限定的时间到，玩家

---

[1] Knox S, Walker D.Game studies review. Cambridge, U.S.: MIT Press, 2008.
[2] Tajfel H, Turner J C, et al.An integrative theory of intergroup conflict.Organizational Identity: A Reader, 1979, 56（65）.

可以转换到不同的游戏账号或改换到其他的游戏中。这些显而易见的漏洞都使得该系统饱受指责，在实际的运作中，防沉迷的效果也非常有限。

另外，山东省临沂市精神病医院的副主任医师杨永信提出采用"电击"的方式治疗网瘾，也引发了极大的社会争议。杨永信建立的网戒中心，通过强制手段对网络游戏沉迷者进行"电击"，迫使他们戒除网瘾。该做法的争议点在于：（1）网瘾是否属于精神病病理原因导致的结果，这点学界尚无定论；（2）电击的手段是否合法？对此，北京、上海等地都已经陆续出台相关政策予以规范，而在杨永信所在的山东尚无明确的规范；（3）强制手段是否是对未成年人人权的侵犯并有可能触犯相关法律法规？也有曾经接受过"治疗"的未成年人表示网戒中心如集中营，违反了《未成年人保护法》中的"禁止对未成年人实施家庭暴力，禁止虐待、遗弃未成年人"条款，电击可能致伤，严重时可能致死，严重的话完全可按故意伤害罪论处。面对巨大的社会舆论压力，中华人民共和国卫生部于2009年发布《关于停止电刺激（或电休克）治疗"网瘾"技术临床应用的通知》，认为该治疗方法的安全性、有效性尚不明确，国内外暂无此类临床依据，因此要求停止该疗法的临床应用。

如今虚拟世界中的亚文化已经开始全面反哺真实社会，成为当今社会流行文化的发源地。《魔兽世界》尤其盛产网络亚文化。而传统上关于"游戏即儿戏"的观点还在束缚着学者以及政策制定者。《魔兽世界》的众多新闻，让这群玩游戏的人深切地体验到社会主流文化对虚拟社群的误解和轻视。这款游戏已经不仅仅是游戏，而是各种社会情绪的集中宣泄地。

天天叫嚣着《魔兽世界》让我们沉迷，却完全没有能够理解这种沉迷背后的社会原因和心理原因，你想过几百万玩家一起"吸毒"的客观情况和这背后所掩盖的深层次社会原因吗？沉迷背后的原因是虚拟世界带来的"归属感"，我们沉迷的是这4年来的朋友和感情，是这4年来的眷恋和寄托。在现实的社会中，由于公正问题和贫富不均问题造成很大的社会心理压力和困扰，而游戏的虚拟世界提供了暂时的精神家园，在社会生活压力越来越大、生活成本越来越高的当今社会，大量年轻人难以找到精神压力的释放出口。而相对而言，网络游戏几乎是最廉价的娱乐方式之一。同时在虚拟的世界里，注重团队合作、所有玩家出生平等,要想达到目标只能团结起来。这种社会心理的满足感和成就感正是现实生活中所稀缺的(来自网络视频《网瘾战争》以及编剧"性感玉米"的采访)。

一开始,在线游戏沉迷甚至被认为是青少年在教育上与行为偏差上的重要因素,然而,随着在线游戏内容的发展,国内外学者或游戏开发者均意识到在线游戏内容包含了人际交往、交易、合作、组织、学习等可能性,因此在线游戏成为除了家庭与工作场所外最重要的第三场所(The Third Space)。

传统上媒介素养研究由于受到经验学派和批判学派研究议题的影响,重点关注的是媒介内容,研究其对受众个体以及作为整体的社会文化结构的影响。从大媒介史的纵向角度来考察,媒介内容固然是影响人的直接因素,但特定形态的媒介本身就是一种环境结构。媒介本身的技术特性、传播方式特征和特定的感官偏向都对人类社会产生着特定的影响。这种偏向不仅仅是内容上的,更重要的是结构上的。

波兹曼说过:"技术的变革不是叠加性的,而是生态性的。它不是增加或减少什么,而是改变一切。如果我们把握不好,这种改变很可能是悲剧性的。"在20世纪60年代,收音机、录像机、通信卫星等新媒体技术层出不穷,社会运动风起云涌,波兹曼等一批学者敏锐地观察到新兴媒体对学校教育的影响。他们发现媒介技术革命带来了丹尼尔·布尔斯廷所谓的"图像革命",学生通过图像的直观方式去观察、学习和理解世界,这让作为"印刷一代"的波兹曼等教育家深感忧虑,而传统的经验学派和批判学派的理论都无法充分解决现在棘手的传受者素养问题。因而,媒介环境学者独辟蹊径,以技术偏向与感官平衡为切入点,发现以电子媒介为代表的新媒介正在使用技术理性代替人的理性。

波兹曼认为需要建立新的媒介素养教育。在《电视和英语教学》一书中,波兹曼面对走入美国人日常生活的电视,关注电视的存在和吸引力,以及对教育的未来所产生的后果,提出要给学生提供电视教育。而《作为颠覆活动的教学》一书则超越了把电视融入通识教育的主张,反而主张在这个基础上理解一切媒介。在《软性的革命:以学生为主动力的教育改革提案》一书中,波兹曼主张学生应该学习技术和传播的历史,探索技术和传播的未来。未来被纳入历史论述的目的之一，是希望学生能够利用历史知识，"解决研究未来时遇到的具体问题"。

波兹曼对于电视等新兴媒体存在两方面看法。一方面忧虑其对于教育认知的负面影响，由于印刷媒介能够保存并发展人的理性文化，担忧倘若电视压制现代印刷媒介，对人类行为会产生不可预料的全局性后果，因此认为应该赋予印刷文化以优先地位。另一方面则采取中立甚至积极的立场，主张教育界应当正视变革，主动将新技术纳入教育体系之中。在学校中，印刷媒介和印刷文化一直占据主导地位。而学校外日益变化的媒介却对学校教育和学校文化提出了新的挑战，要求将目标和关怀延伸到更广的媒介环境中。

如今，媒介技术的变革让我们再次站到了历史关口。如何引导在游戏文化中成长起来的新一代数字土著们进行更具建设性的工作和学习，是政策制定者、教育者以及游戏开发商们需要考虑的问题。美国加州未来研究所（Institute for the Future，IFTF）的简·麦戈尼格尔（Jane McGonigal）就提出可以通过游戏来改变真实世界。在其开发的《无油世界》（World Without Oil）、"超结构"（Superstruct）等游戏中，简·麦戈尼格尔通过对真实世界危机议题的虚拟场景设定，让玩家在游戏的过程中潜移默化地接受"改变世界"这一终极任务的挑战，最终将玩家的生活方式变得更加绿色、环保和健康。而沉浸式的虚拟现实世界提供了一个极好的大规模在线协作平台，如在《第二人生》中，诸多非营利机构和教育组织都开始尝试将独特的三维虚拟场景应用于远程教育的实践。同时，全球性、游戏性的协作也可以完成以前无法想象的海量工作，如卡内基梅隆大学的路易斯·冯·安（Luis von Ahn）开发的 ESP Games 游戏，试图通过游戏的方式对现有网络中的所有图片人工地添加标签，并采用双人游戏的方式进行答案比对。该游戏成功地优化了原有图片搜索引擎的搜索质量，同时也具有极高的娱乐价值，获得非常好的玩家评价。

媒介素养的研究与实践都忽略了在整个符号系统互动过程中，作为技术环境的媒介，其隐而不显的偏向性在人们的感知、意识或心灵活动中所扮演的重要角色。我们现在正处于媒介技术迅速发展的变革时期，我们现在面对的不止是媒介表现、使用方式或者媒介内容的改变，新旧技术的重新定位，媒介环境结构的重组，人的感官比例的重新调整，这些都会引起更深层次认识论的改变，以及我们文化的转轨。

　　虚拟现实解决了传统印刷媒体和视觉媒体知识论的矛盾。印刷媒体主要依靠文字产生意义，由于文字和概念具有专断和主观的属性，因此单纯依靠文字的媒体过于抽象。而视觉媒体的传播特性则恰恰相反，照片、电影、电视等媒体在认识论上的问题过于具象，所有意义的表达均通过符号和图像直接呈现，包括空间关系在内的多种关系也大多可以通过直观的呈现进行表达。然而网络虚拟现实则可以综合文字媒体和视觉媒体空间逻辑具象和抽象的双重特点。

参考文献

中文部分

爱森斯坦. 作为变革动因的印刷机 [M]. 何道宽译. 北京：北京大学出版社，2007.

安德森. 想象的共同体 [M]. 上海：上海世纪出版集团，2008.

巴赞. 电影是什么 [M]. 南京：江苏教育出版社，2005.

柏拉图. 斐多 [M]. 杨绛译. 沈阳：辽宁人民出版社，2000.

崔保国. 2010 中国传媒产业发展报告 [M]. 北京：社会科学文献出版社，2011.

蔡骐、常燕荣. 文化与传播——论民族志传播学的理论与方法 [J]. 新闻与传播研究，2002，（2）.

大洼德行. 电脑时代的理性：新时代的哲学 [M]. 北京：中国社会科学出版社，1998.

菲德勒. 媒介形态变化：认识新媒介 [M]. 明安香译. 北京：华夏出版社，2000.

郭建斌. 民族志法：一种传播研究值得借鉴的方法 [J]. 新闻大学，2003，夏季号.

胡泳. 众声喧哗：网络时代的个人表达与公共讨论 [M]. 南宁：广西师范大学出版社，2008.

霍洛克斯. 鲍德里亚与千禧年 [M]. 北京：北京大学出版社，2005.

霍洛克斯. 麦克卢汉与虚拟实在 [M]. 北京：北京大学出版社，2005.

卡斯特. 网络社会的崛起 [M]. 北京：社会科学文献出版社，2005.

卡斯特. 网络星河：对互联网商业和社会的反思 [M]. 北京：社会科学文献出版社，2007.

利科. 解释的冲突 [M]. 莫伟民译. 北京：商务印书馆，2008.

凯瑞. 作为文化的传播 [M]. 北京：华夏出版社，2005.

鲁曙明. 传播学 [M]. 北京：中国人民大学出版社，2007.

刘文富. 网络政治：网络社会与国家治理 [M]. 北京：商务印书馆，2004.

勒维斯. 非摩擦经济：网络时代的经济模式 [M]. 南京：江苏人民出版社，1999.

李明伟. 知媒者生存：媒介环境学纵论 [M]. 北京：北京大学出版社，2011.

林文刚. 媒介环境学：思想沿革与多维视野 [M]. 何道宽译. 北京：北京大学出版社，2007.

麦克卢汉.理解媒介[M].何道宽译.北京：商务印书馆，2000.

麦克卢汉.麦克卢汉精粹[M].何道宽译.南京：南京大学出版社，2001.

马林诺夫斯基.西太平洋的航海者[M].北京：华夏出版社，2003.

穆尔.赛博空间的奥德赛[M].南宁：广西师范大学出版社，2007.

米德.心灵自我与社会[M].赵月瑟译.上海：上海译文出版社，2005.

尼葛洛庞帝.数字化生存[M].胡泳译.海口：海南出版社，1997.

邱林川.信息社会：理论、现实、模式、反思[J].传播与社会学刊，2008，（5）：71-99.

熊澄宇.媒介史纲[M].北京：清华大学出版社，2011.

肖峰.哲学视域中的技术[M].北京：人民出版社，2007.

邢怀滨.社会建构论的技术观[M].沈阳：东北大学出版社，2005.

杨立雄.从实验室到虚拟社区：科技人类学的新发展[J].自然辩证法研究，2011，（11）.

翟振明.实在论的最后崩溃[J].求是学刊，2005.

翟振明.有天之间：虚拟实在的哲学探险[M].北京：北京大学出版社，2007.

张咏华.媒介分析：传播技术神话的解读[M].上海：复旦大学出版社，2002.

郑也夫.后物欲时代的来临[M].上海：上海人民出版社，2007.

英文部分

Aarseth, Espen. Cybertext: Perspectives on Ergodic Literature[M]. Baltimore: Johns Hopkins University Press, 1997.

Aarseth, Espen. Genre trouble: narrativism and the art of simulation in First person: new media as story, performance, and game[A]. Ed. Noah Wardrip-Fruin & Pat Harrigan. Cambridge: The MIT Press, 2004.

Balkin, Jack M. "Virtual Liberty: Freedom to Design and Freedom to Play in Virtual Worlds"[J]. Virginia Law Review, 2004, 90（8）: 2043–99.

Bailenson, J., Beall, A., Blascovich, J., Loomis, J., & Turk, M. Transformed Social Interaction, Augmented Gaze, and Social Influence in Immersive Virtual Environments[J]. Human Communication Research, 2005, 31: 511-537.

Bailenson, J., Blascovich, J., Beall, A., & Loomis, J. Interpersonal distance in immersive virtual environments[J]. Personality and Social Psychology Bulletin, 2003, 29: 1-15.

Baudrillard, Jean. Simulacra and Simulation[M]. Translated by Sheila Faria Glaser. Ann Arbor: University of Michigan Press, 1981/1994.

Baumeister, Roy F., and Mark R. Leary. "The Need to Belong: Desire for Interpersonal Attachment as a Fundamental Human Motivation"[J]. Psychological Bulletin, 1995, 117（3）: 497–529.

Bear Stearns. "Asian Online Gaming: Virtual Worlds, Real Cash"[R]. Asian Equity Research, 2004,

January 30.

Beck, John C., and Mitchell Wade. Got Game: How the Gamer Generation Is Reshaping Business Forever[M]. Cambridge, MA: Harvard Business School Press, 2004.

Benedikt, M.(ed.). Cyberspace: First Steps[M]. London: MIT Press, 1991.

Belton, J.(Ed.). Movies and Mass Culture[M]. New Jersey: Rutgers University Press, 1996.

Bateson, Gregory. Steps to an Ecology of Mind: Collected Essays in Anthropology, Psychiatry, Evolution, and Epistemology[M]. University of Chicago Press, 2000.

Bettelheim, Bruno. The Uses of Enchantment: The Meaning and Importance of Fairy Tales[M]. New York: Random House, 1976/1985.

Benkler, Yochai. The Wealth of Networks: How Social Production Transforms Markets and Freedom[M]. Yale University Press, 2010.

Bishop, J. Increasing capital revenue in social networking communities: Building social and economic relationships through avatars and characters[A]. In C. Romm-Livermore, & K. Setzekorn (Eds.), Social networking communities and eDating services: Concepts and implications[C]. New York: IGI Global, 2008. Available online.

Boellstorff, Tom. Coming of Age in Second Life: An Anthropologist Explores the Virtually Human[M]. Princeton University Press, 2008.

Boellstorff & Artemesia. Communities of Play: Emergent Cultures in Multiplayer Games and Virtual Worlds Celia Pearce and Artemesia[M]. MIT Press, 2009, September.

Brickman, Philip, Daniel Coates, and Ronald Janoff-Bulman. "Lottery Winners and Accident Victims: Is Happiness Relative?" [J]. Journal of Personality and Social Psychology, 1978, 37: 917–27.

Brown, John Seely, and Paul Duguid. The Social Life of Information[M]. Cambridge, MA: Harvard Business School Press, 2000.

Bukatman, Scott. Terminal identity: the virtual subject in postmodern science fiction[M]. Duke University Press, 1993.

Bimber, Bruce. "Information and political engagement in America: The search for effects of information technology at the individual level" [J]. Political Research Quarterly, 2001, 54 (1): 53–67.

Biocca, F. Communication Within Virtual Reality: Creating a Space for Research'[J]. Journal of Communication, 1992a, 42 (4).

Biocca, F. `Virtual Reality Technology: A Tutorial'[J]. Journal of Communication, 1992b, 42 (4).

Caillois, Roger. Man, Games, and Play[M]. Urbana: University of Illinois Press, 1961/2001.

Campbell, Joseph. The Hero with a Thousand Faces[M]. Princeton, NJ: Princeton University Press, 1949/1972.

Cassell, Justine, and Henry Jenkins, eds. From Barbie to Mortal Kombat: Gender in Computer Games[M]. Cambridge, MA: MIT Press, 1998.

Castronova, Edward. "Virtual Worlds: A First-Hand Account of Market and Society on the Cyberian Frontier" [R]. CESifo Working Paper 618, 2001, December.

Castronova, Edward. "On Virtual Economies" [J]. Game Studies, 2003a, 3 (2). Available at: http://www.gamestudies.org/0302/castronova/.

Castronova, Edward. "Theory of the Avatar" [R]. CESifo Working Paper 863, 2003b, February.

Castronova, Edward. "Achievement Bias in the Evolution of Preferences" [J]. Journal of Bioeconomics, 2004, 6 (2): 195–227.

Castronova, Edward. "The Right to Play" [J]. New York Law School Review, 2005, 49 (1): 185–211.

Castronova, Edward. Synthetic Worlds: The Business and Culture of Online Games[M]. University of Chicago Press, 2005.

Castronova, Edward. "On the Research Value of Large Games: Natural Experiments in Norrath and Camelot" [R]. CESifo Working Paper Series No. 1621, Indiana University, Bloomington, 2005.

Clifford, J. Spatial Practices: Fieldwork, Travel, and the Discipline of Anthropology[A]. In A. Gupta & J. Ferguson (Eds.), Anthropological Locations: Boundaries and Grounds of a Field Science[C]. Berkeley, CA: University of California Press, 1997: 185-222.

Cooper, Robbie. Alter Ego: Avatars and their creators[M]. Chris Boot, 2009.

Cornes, Richard, and Todd Sandler. The Theory of Externalities, Public Goods, and Club Goods[M]. 2nd ed. Cambridge: Cambridge University Press, 1996.

Curtis, Pavel. "Mudding: Social Phenomena in Text-Based Virtual Reality" [A]. In Culture of the Internet, ed. Sara Kiesler, Mahwah, NJ: Lawrence Erlbaum Associates, 1997: 121–42.

Clanton, C., & Ventrella, J. Avatar-Centric Communication in There[P]. Paper presented at the Stanford HCI Seminars, 2003.

Ducheneaut, Wen, Yee. Body and Mind: A Study of Avatar Personalization in Three Virtual Worlds[R]. SSRN, 2009.

Embler, Weller. Metaphor; Language and languages; Figures of speech; Philosophy[M]. John Wiley, New York, 1966.

Morozov, Evgeny. The brave new world of slacktivism[J]. Foreign Policy, 2009, May 19. Available at: http://neteffect.foreignpolicy.com/posts/2009/05/19/the_brave_new_world_of_slacktivism, accessed 2010, November 23.

Fiske, John. The John Fiske Collection: Understanding Popular Culture[M]. Routledge, 2010.

Garcia, Angela Cora, Alecea I. Standlee, Jennifer Bechkoff, and Yan Cui. "Ethnographic Approaches to the Internet and Computer-Mediated Communication" [J]. Journal of Contemporary Ethnography, 2009, 38 (1): 52-84.

Gee, James Paul. What Video Games Have to Teach Us about Learning and Literacy[M]. New York: Palgrave Macmillan, 2003.

Gergen, Kenneth J. The Self in the Age of Information[J]. The Washington Quarterly, 2000, 23（1）：201-214.

Geertz, Clifford. The Interpretation of Cultures[M]. New York：Basic Books, 1973.

Goffman, Erving. The Presentation of Self in Everyday Life[M]. Anchor, 1959.

Green, C. Shawn, and Daphne Bavelier. "Action Video Game Modifies Visual Selective Attention" [J]. Nature, 2003, 423（May）：534–537.

Greenbaum, P. The lawnmower man[J]. Film and Video, 1992, 9（3）：58-62.

Greenfield, David N. Virtual Addiction：Help for Netheads, Cyberfreaks, and Those Who Love Them[M]. New York：New Harbinger Publications, 1999.

Gronbeck, B. The Web, Campaign 07-08, and engaged citizens[A]. In The 2008 Presidential Campaign, ed. Robert E. Denton, Jr. Lanham, MD：Rowman & Littlefield, 2009.

Griffiths, Mark D. "Violent Video Games and Aggression：A Review of the Literature" [J]. Aggression and Violent Behavior, 1998, 4：203–12.

Heeks, Richard. Current analysis and future research agenda on Gold Farming[R]. www.sed.manchester.ac.uk/idpm/research/publications/wp/di/index.htm, 2008.

Heim, Michael. Virtual Realism[M]. New York：Oxford University Press, 1998.

Heilig, Morton. "The Cinema of the Future" [A]. In Multimedia：From Wagner to Virtual Reality, Eds. Randall Packer and Ken Jordan. New York：W.W. Norton & Company, 2001.

Brady, Henry E. "Political participation" [A]. In Measures of political attitudes, eds. John P. Robinson, Phillip R. Shaver, and Lawrence S. Wrightsman. San Diego, Calif.：Academic Press, 1999.

Holmes Jr., Oliver Wendell. Courtesy of Art & Visual Materials, Special Collections Department, Harvard Law School Library[C]. 1859.

Hine, Christine. Virtual Ethnography[M]. London：Sage, 2000.

Huizinga, Johan. Homo Ludens：A Study of the Play Element of Culture[M]. Boston：Beacon Press, 1938/1950.

Jenkins, Peter S. "The Virtual World as a Company Town—Freedom of Speech in Massively Multiplayer On-Line Role Playing Games" [J]. Journal of Internet Law, 2004, 8（1）.

Jenkins, Henry. Convergence Culture：Where old and new media collide[M]. NYU Press, 2008.

Kent, Steven L. The Ultimate History of Video Games：From Pong to Pokémon and Beyond—The Story Behind the Craze That Touched Our Lives and Changed the World[M]. New York：Prima Publishing, 2001.

Kerr, Orin S. "The Problem of Perspective in Internet Law" [J]. Georgetown Law Journal, 2003, 91（2）：357–405.

King, Brad, and John Borland. Dungeons and Dreamers：The Rise of Computer Game Culture from Geek to Chic[M]. New York：McGraw-Hill, 2003.

Krueger, M. W. Artificial reality(2nd ed.)[M]. Reading, MA: Addison-Wesley, 1991.

Knox & Walker. Game studies review[M]. MIT Press, 2008.

Kozinets, Robert V. "The Field Behind the Screen: Using Netnography for Marketing Research in Online Communities" [J]. Journal of Marketing Research, 2002, 39 (February): 61-72.

Kozinets, Robert V. "Netnography 2.0" [A]. In Handbook of Qualitative Research Methods in Marketing, ed. Russell W. Belk. Cheltenham, UN and Northampton, MA: Edward Elgar Publishing, 2006: 129-142.

LaFrance, M. Posture Mirroring and Rapport[A]. In Interaction Rhythms: Periodicity in Communicative Behavior, Ed. M.Davis. 1982: 279-298.

Lakoff, G & Johnson, M. Metaphors We Live By[M]. University of Chicago Press, 2003.

Larijani, L. Casey. The Virtual Reality Primer[M]. McGraw-Hill, 1994.

Lanier, Jaron. You Are Not a Gadget: A Manifesto[M]. Vintage, 2011.

Lombard, M., & Ditton, T. B. At the heart of it all: The concept of presence[J]. Journal of Computer-Mediated Communication, 1997, 13 (3).

Grossman, Lawrence K. The electronic republic: reshaping democracy in the information age[M]. Viking, 1995.

Lessig, Lawrence. Code and Other Laws of Cyberspace[M]. New York: Basic Books, 1999.

Lessig, Lawrence. Code2.0[M]. CreateSpace, 2009.

Lessig, Lawrence. "Insanely Destructive Devices" [J]. Wired, 2004, 12.04.

Lévy, Pierre. Becoming Virtual: Reality in the Digital Age[M]. Translated by Robert Bononno. New York: Plenum, 1998.

Linden Lab. Factsheet: The Technology Behind the Second Life Platform[R]. Retrieved October 31st, 2008, from http: //lindenlab.com/pressroom/general/factsheets/technology.

Merleau-Ponty, Maurice. Phenomenology of perception[M]. Routledge, 2002.

Markham, Anette. Life Online: Researching Real Experience in Virtual Space[M]. AltaMira Press, 1998.

Hindman, Matthew. The myth of digital democracy[M]. Oxford: Princeton University Press, 2009.

Mnookin, Jennifer L. "Virtual (ly) Law: The Emergence of Law in an On-Line Community" [A]. In Crypto Anarchy, Cyberstates, and Pirate Utopias, ed. Peter Ludlow. Cambridge, MA: MIT Press, 2001: 245–302.

Manovich, Lev. The Language of New Media[M]. The MIT Press, 2002.

Micheletti, Michele and Andrew S. McFarland. Creative participation: Responsibility–taking in the political world[M]. London: Paradigm, 2011.

Nakamura, Lisa. Cybertypes: Race, Ethnicity, and Identity on the Internet[M]. Routledge, 2002.

Nakamura, Lisa. Race In/For Cyberspace: Identity Tourism on the Internet[A]. In The Cybercultures Reader, ed. D. Bell. Routledge Press, New York.

National Academies. Preparing for the Revolution：Information Technology and the Future of the Research University[M]. Washington，DC：National Academies Press，2002.

Nye，David. Technology Matters[M]. The MIT Press，2006.

Pnmental & Teixeira. Through the new looking glass[M]. Windcrest/McGraw Hill，1993.

Pearce，Celia & Boellstorff，Tom. Communities of play：emergent cultures in multiplayer games and virtual worlds[M]. MIT Press，2007.

Berger，Peter L. & Luckmann，Thomas. The Social Construction of Reality：A Treatise in the Sociology of Knowledge[M]. 1966.

Putnam，Robert D. "Bowling Alone：America's Declining Social Capital"[J]. Journal of Democracy，1995，6（1）：65–78. doi：10.1353/jod.1995.0002.

Norris，Pippa. Digital divide：Civic engagement，information poverty，and the Internet worldwide[M]. Cambridge：Cambridge University Press，2001.

Dalton，Russell J. Citizen politics：Public opinion and political parties in advanced industrial democracies[M]. Fourth edition. Washington D.C.：CQ Press，2006.

Reynolds，Ren. "Playing a 'Good' Game：A Philosophical Approach to Understanding the Morality of Games" [EB/OL]. http：//www.igda.org/articles/rreynolds_ethics.php，2002.

Rheingold，Howard. Virtual Reality：The Revolutionary Technology of Computer-Generated Artificial Worlds—And How It Promises to Transform Society[M]. New York：Simon and Schuster，1991.

Rheingold，Howard. The Virtual Community：Homesteading on the Electronic Frontier[M]. New York：Perennial，1994.

Rheingold，Howard. Smart Mobs：The Next Social Revolution[M]. New York：Perseus Books，2002.

Rogers，Everett M. & Shoemaker，Floyd F. Communication of Innovations：A Cross-Cultural Approach（2nd ed.）[M]. New York：The Free Press，1971.

R. U. Sirius，Rudy Rucker，Queen Mu. Mondo 2000[M]. Perennial Press，1992.

Sherwood，J. "Facilitative effects of gaze upon learning" [J]. Perceptual and Motor Skills，1987，64：1275-1278.

Steuer，Jonathan. "Defining virtual realities：Dimensions determining telepresence" [J]. Journal of Communication，1992，42：73-79.

Shulman，Stuart W. "The case against mass e-mails：Perverse incentives and low quality public participation in U.S. federal rulemaking" [EB/OL]. http：//www.psocommons.org/policyandinternet/vol1/iss1/art2/，2009，accessed 2011，February 2.

Slater，M. & Wilbur，S. "A framework for immersive virtual environments（FIVE）：Speculations on the role of presence in virtual environments" [J]. Presence：Teleoperators and Virtual Environments，1997，6：603-616.

Salen，Katie & Zimmerman，Eric. Rules of Play：Game Design Fundamentals[M]. The MIT Press，2003.

Schroder, K. C. "Audience Semiotics, Interpretive Communities and the Ethnographic Turn in Media Research" [J]. Media, Culture & Society, 1994, 16: 337-347.

Seay, A.F. & Kraut, R.E. "Project Massive: Self-Regulation and Problematic Use of Online Gaming" [C]. Proceedings of CHI2007. New York: Association for Computing Machinery, 2007: 829-838.

Jordan, Tim & Taylor, Paul A. Hacktivism and cyberwars: Rebels with a cause? [M]. New York: Routledge, 2004.

Turkle, Sherry. The Second Self: Computers and the Human Spirit[M]. Touchstone paper, 1985.

Valente, Thomas. Virtual Diffusion or an Uncertain Reality[A]. In Communication in the age of virtual reality, eds. Frank Biocca, Mark R. Levy. Routledge, 1998.

Wellens, A. "Heart-rate changes in response to shifts in interpersonal gaze from liked and disliked others" [J]. Perceptual & Motor Skills, 1987（64）: 595-598.

Bainbridge, William Sims & Bainbridge, Wilma Alice. "Electronic Game Research Methodologies: Studying Religious Implications" [J]. Review of Religious Research, 2007（49）: 35-53.

Wolfe, T. The Electric Kool-Aid Acid Test[M]. New York: Farrar Strauss and Giroux, 1973.

Yee, Nick. "Motivations for play in online games" [J]. Cyberpsychology & Behavior, 2006, 9（6）.

Yee, Nick. The Proteus effect: Behavioral Modification via Transformations of Digital Self-Representation[D]. Doctoral Dissertation, 2007.

Yee, Nick, Bailenson, Jeremy N., Urbanek, Mark, Chang, Francis, and Merget, Dan. "The Unbearable Likeness of Being Digital: The Persistence of Nonverbal Social Norms in Online Virtual Environments" [J]. CyberPsychology & Behavior, 2007（10）: 115-121.

Zhai, Philip. Get Real: A Philosophical Adventure in Virtual Reality[M]. Rowman & Littlefield Publishers, 1998.

后记

究竟什么是真实,什么是虚拟?

归纳当代哲学社会学研究中关于真实的定义,本文认为存在四个层次的"真实":

首先是"物理真实"。亚里士多德认为,我们在周围环境中所接触与感觉的个别实体即为真实。如果从这个概念出发,那么事物的实体如果可以被大多数直接目击者所证实,即为真实。

其次是"信息真实"。信息真实是信息社会的产物,是根据媒体再现所提供的资讯而赋予其的"真实"评价。

再次是"情感真实"。这来自于早期社会心理学研究,指情绪波动使一项由媒介提供的再现显得更加真实,并且反过来影响关于真实的重构。

最后是"记忆真实"。指人们倾向于认为记忆中的事件属于真实世界而非想象。

或许,正如电影《黑客帝国》中的台词那样:

什么叫"真"?你怎样给"真"下定义,如果你说"真"就是你能感觉到的东西,你能闻到的气味,你能尝到的味道,那么这个"真"就是你大脑做出反应的电子信号。

在互联网普及前,网络上就开始出现早期的虚拟世界。在这个连续性的现实模拟环境中，不同的用户可以进行实时的互动。当时由于计算机处理能力所限和图形处理技术尚未出现，这些早期的虚拟世界只是闪烁屏幕上的几行字符而已：

> 你走进了一个村舍。
> 西北方向有一棵橡树。
> 西边有一条小溪流经。
> 北侧则有一条小道。
> 东边是一片牧场。

纯粹主义者认为这样的文字型虚拟世界是最好的，因为没有纯技术的花哨渲染，最初的文字虚拟世界完全是靠参与者的主观想象而构建的世界。而在电影《黑客帝国》中，虚拟现实技术所造成的后果则是毁灭性的：

> "矩阵"是个系统，这个系统是我们的敌人。在这个系统中你能看见什么？商人、老师、律师、木匠……都是我们要拯救的人，但目前这些人被"矩阵"控制着，所以就是我们的敌人。你必须知道大多数人不能接受真实世界。更多人已经习惯，非常无望地依赖于这个系统，愿意誓死保护它。

在麦克卢汉看来，人类媒介发展史大致可以分为三个阶段：原始的统一（原始的、口头的文化）、分裂化（在书写和印刷中）、重新统一（在电子媒介时代）。在原始时期，书写以及文字发明之前，人类所感知的世界未经过媒介中介，是原始的、真实的物理世界的直接呈现；同时，人类通过与生俱来的生理构造——听觉、嗅觉、触觉、味觉等身体信道——感知世界。因此，在这个阶段，媒介系统处于史前的整合阶段。各种感知信道统一在身体界面之下，达到原始的、完美的平衡。

随着人类发明了语言与文字，原本整合的媒介系统开始分裂。语言成为建构世界的方式，文字记录历史，并使得原本直接的知觉和体验可以通过这些记录实现跨时空流传。印刷媒体和道路系统使人们能够进一步掌握空间，因此，文字诞生后，逻辑分析与专业分工随之来临，军事主义与官僚主义也随之来临。而且，人与环境那种直接的、直觉的关系随之断裂。同时，印刷媒体文字的传播特性，导致读者认知中的理性因素成为主导逻辑。

随着新媒体技术的发展，各媒介信道重新被整合在计算机中介传播的范畴下，一度分裂的媒介系统重新统一。对于麦克卢汉来说，媒介演化的目标就是让感官达到平衡、和谐的完美统一，视觉、听觉、触觉，乃至嗅觉、味觉的人体感知信道统一。现实有缺憾，虚拟性却可以使其完美，就像眼镜可以"解决"视力问题一样。从这个角度看，虚拟现实技术想要实现的正是完美形态的媒介系统，是人类直觉的完整模拟和复制。将经过肢解、分裂的感官系统重新统一起来，从媒介化的感官开始进行媒介化现实的认知。

同时，新的媒介形式总是在吸收、模仿和容纳旧媒介中完成媒介进化，旧媒介的形式总是新媒介的内容。从这个意义上来说，虚拟现实是真正意义上的元媒介（Meta-media）。计算机交互界面的发展可以让媒介透明化（non-mediation）。从麦克卢汉的角度看，虚拟现实由于其"自然的交互方式"，是走向"再统一"的回归。相反，赛博朋克主义者却认为，虚拟现实所再造的实在感是对物理世界的逃离，是解决物理缺陷的最终解决方案。在其中的人类能从现实世界中逃脱，进入技术领域。如汉斯·莫拉维克（Hans Moravec）在《智力后裔：机器人和人类智能的未来》中提出的"意识下载"。翟振明的《实在论的最后崩溃：从虚拟实在谈起》一文以思想实验的形式，认为哲学本体论意义上的实在论是可以被驳倒的，得出实在论最终走向全面崩溃的结论。

从 2006 年最早关注《第二人生》至今，我对于虚拟现实的研究伴随着对传播学整体研究的进展而不断深入。本研究的最大难点在于虚拟现实技术形态的不确定性和研究的跨学科性。对一个形态尚在发展中的媒介技术做分析研究是困难的，同时在新媒体研究中，如何找到学科主体性的问题曾经在很长时间内困扰我，影响我对于虚拟现实研究方法的定位。我曾经被"虚拟现实"这个概念所吸引，甚至走入哲学研究的领域，因此走过了一段曲折的路程。但最终，祝建华教授的文章《研究传播不要从哲学入手》提醒了我。在这篇文章中，祝老师认为：

《怎样学历史：严耕望的治史三书》中很多经验之谈，与实证研究原理非常吻合。如果将其中的"历史"两字改成"传播学"（或其他任何社会科学），其实完全适合。故摘抄如下：

问：研究历史，从哲学入手如何？

答：……哲学理论对于史学研究诚然有时有提高境界的作用，不过从哲学入手来讲史学，多半以主观的意念为出发点，很少能努力详征史料，实事求证，只抓住概念推衍发挥，很少能脚踏实地地做工作。这样工作，所写论文可能很动听，有吸引力，但总不免有浮而不实的毛病，不堪踏实的史学工作者的一击……他们的答题方式，总是大而化之，不能针对问题踏实作答，好的尚能抓住概念想象发挥，差的便似是而非，东拉西扯，不知所云……

人类学家格尔茨说："深描的价值在什么地方呢？不仅仅是用具有现实意义的很具体的语汇来帮助我们理解你所描绘的这个现象或这个村、这个部落的文化。更重要的在于我用你的故事能够帮助我们以一种很具有想象力的方法、创造性的方法来想象当地人在特定的历史时刻是如何生活的。"

面向未来的研究必须从现实中找到逻辑线索。在一个媒介技术高速发展的时代，预测技术的未来走向的前提是，研究者必须首先变成"数字土著"，目的是能够与技术的早期使用者们对话，这也符合民族志的研究要求：要深入场景，到那个地方去，跟他者一起生活。然后，使你自己转换成为——至少是暂时地转换为"他者"。